Eduard Hanslick

Vom Musikalisch-Schönen

ein Beitrag zur Revision der Ästhetik der Tonkunst

Eduard Hanslick

Vom Musikalisch-Schönen
ein Beitrag zur Revision der Ästhetik der Tonkunst

ISBN/EAN: 9783742850485

Hergestellt in Europa, USA, Kanada, Australien, Japan

Cover: Foto ©Thomas Meinert / pixelio.de

Eduard Hanslick

Vom Musikalisch-Schönen

Vom

Musikalisch-Schönen.

Ein Beitrag

zur

Revision der Ästhetik der Tonkunst

von

Dr. Eduard Hanslick

Professor an der Wiener Universität.

Neunte durchgesehene Auflage.

Leipzig

Johann Ambrosius Barth

1896.

Seinem Freunde

Robert Zimmermann

Professor der Philosophie an der Wiener Universität

treu anhänglich

der Verfasser

Vorwort zur neunten Auflage.

An der achten Auflage (1891) dieser zuerst im Jahre 1854 erschienenen Schrift war nichts weiter neu, als das passendere Format und die geschmackvollere Ausstattung. Dasselbe gilt von der hier vorliegenden neunten Auflage Auch dieser darf ich die Worte anpassen, welche Fr. Th. Vischer dem Wiederabdruck einer älteren Abhandlung („der Traum") vorausschickte.*) „Ich nehme," sagt Vischer, „diese Studie in die gegenwärtige Sammlung auf, ohne sie gegen Angriffe, die sie erfahren hat, zu schützen. Auch verbessernden Überarbeitens habe ich mich enthalten, ausgenommen kleine unwichtige Nachhilfen. Ich würde jetzt manches vielleicht anders sagen, mehr auseinandersetzen, gedeckter, beschirmter hinstellen;

*) „Altes und Neues" von Fr. Th. Vischer (Stuttgart 1881) S. 187.

wem gefällt eine Arbeit ganz, wenn er sie nach Jahren wieder liest? Allein man weiß auch, wie leicht mit nachbessernbem Eingreifen mehr verderbt als besser gemacht wird."

Wollte ich hier in Polemik eingehen, auf alle Kritiken antwortend, welche meine Schrift hervor= gerufen hat, so würde dies Büchlein zu einem er= schreckend starken Band anschwellen. Meine Über= zeugungen sind dieselben geblieben, desgleichen die Positionen und schroff sich gegenüberstehenden Musikparteien der Gegenwart. Der Leser wird mir daher wohl auch die Wiederholung einiger Bemerkungen gestatten, mit welchen ich das Er= scheinen der dritten Auflage begleitet habe. Der Mängel dieser Abhandlung bin ich mir sehr lebhaft bewußt. Demungeachtet hat das weit über Er= warten günstige Schicksal der früheren Auflagen und der mich hocherfreuende Anteil, mit welchem bedeu= tende Fachmänner philosophischer wie musikalischer Disziplin davon Akt nahm, mich überzeugt, daß meine Ideen, auch in der etwas scharfen und rhapso= dischen Weise ihres ursprünglichen Auftretens auf gutes Erdreich gefallen sind. Eine merkwürdige Übereinstimmung mit diesen Anschauungen fand ich,

aufs freudigste überraſcht, in den erſt nach dem
Tode des Dichters, erſchienenen kleinen Aufſätzen
und Aphorismen über Muſik von Grill=
parzer. Einige der wertvollſten dieſer Ausſprüche
habe ich in dieſer neuen Auflage zu citieren mir
nicht verſagen können; ausführlicher davon iſt in
meinem Eſſay: „Grillparzer und die Muſik"
gehandelt.*)

Leidenſchaftliche Gegner haben mir mitunter
eine vollſtändige Polemik gegen alles, was Gefühl
heißt, aufgedichtet, während jeder unbefangene und
aufmerkſame Leſer doch unſchwer erkennt, daß ich
nur gegen die falſche Einmiſchung der Gefühle in
die Wiſſenſchaft proteſtiere, alſo gegen jene äſthe=
tiſchen Schwärmer kämpfe, die mit der Prätenſion,
den Muſiker zu belehren, nur ihre klingenden
Opiumträume auslegen. Ich teile vollkommen die
Anſicht, daß der letzte Wert des Schönen immer
auf unmittelbarer Evidenz des Gefühls beruhen wird.
Aber ebenſo feſt halte ich an der Überzeugung, daß
man aus all den üblichen Appellationen an das Gefühl
nicht ein einziges muſikaliſches Geſetz ableiten kann.

---

*) „Muſikaliſche Stationen" von Ed. Hanslick. Berlin,
Verein f. dt. Litt. 1885. 5. Aufl.

Diese Überzeugung bildet den Einen, den negativen Hauptsatz dieser Untersuchung. Er wendet sich zuerst und vornehmlich gegen die allgemein verbreitete Ansicht, die Musik habe „Gefühle darzustellen". Es ist nicht einzusehen, wie man daraus die „Forderung einer absoluten Gefühllosigkeit der Musik" herleiten will. Die Rose duftet, aber ihr „Inhalt" ist doch nicht „die Darstellung des Duftes"; der Wald verbreitet schattige Kühle, allein er stellt doch nicht „das Gefühl schattiger Kühle dar". Es ist kein müßiges Wortgefecht, wenn ausdrücklich gegen den Begriff „darstellen" vorgegangen wird, denn aus ihm sind die größten Irrtümer der musikalischen Ästhetik entsprungen. Etwas „darstellen" involviert immer die Vorstellung von zwei getrennten, verschiedenen Dingen, deren eines erst ausdrücklich durch einen besonderen Akt auf das andere bezogen wird.

Emanuel Geibel hat durch ein glückliches Bild dies Verhältnis anschaulicher und erfreulicher ausgedrückt, als philosophische Analyse es vermochte, und zwar in den Distichen:*)

---

*) Neue Gedichte.

„Warum glückt es dir nie, Musik mit Worten zu schildern?
Weil sie, ein rein Element, Bild und Gedanken verschmäht.
Selbst das Gefühl ist nur wie ein sanft durchscheinender
Flußgrund,
Drauf ihr klingender Strom schwellend und sinkend entrollt."

Wenn dies schöne Sinngedicht obendrein unter
dem nachhallenden Eindruck dieser Schrift entstand,
wie ich zu vermuten Anlaß habe, so muß sich
meine, von poetischen Gemütern zumeist verketzerte
Anschauung doch auch mit wahrer Poesie leiblich
vertragen.

Jenem negativen Hauptsatz steht korrespondierend der positive gegenüber: die Schönheit
eines Tonstücks ist spezifisch musikalisch, d. h.
den Tonverbindungen ohne Bezug auf einen fremden,
außermusikalischen Gedankenkreis innewohnend. Es
lag in der redlichen Absicht des Verfassers, das
„Musikalisch-Schöne" als Lebensfrage unserer Kunst
und oberste Norm ihrer Ästhetik vollständig zu be-
leuchten. Wenn trotzdem das polemische, negierende
Element in der Ausführung ein Übergewicht er-
langt, so wird man dieses in Erwägung der besonderen Zeitumstände hoffentlich entschuldigen.
Als ich diese Abhandlung schrieb, waren die
Wortführer der Zukunftsmusik eben am lautesten

bei Stimme und mußten wohl Leute von meinem Glaubensbekenntnis zur Reaktion reizen. Als ich die zweite Auflage veranstaltete, waren eben Lißts Programm=Symphonien hinzugekommen, welche vollständiger, als es bisher gelungen ist, die selbst= ständige Bedeutung der Musik abdanken, und diese dem Hörer nur mehr als gestaltentreibendes Mittel eingeben. Seither besitzen wir nun auch Richard Wagners „Tristian", „Nibelungenring" und seine Lehre von der „unendlichen Melodie", d. h. die zum Prinzip erhobene Formlosigkeit, den gesungenen und gegeigten Opiumrausch, für dessen Kultus ja in Bayreuth ein eigener Tempel eröffnet worden ist.

Man möge es mir zu gute halten, wenn ich angesichts solcher Zeichen keine Neigung fühlte, den polemischen Teil meiner Schrift zu kürzen oder abzuschwächen, sondern im Gegenteil noch dringender auf das Eine und Unvergängliche in der Tonkunst, auf die musikalische Schönheit hinwies, wie sie unsere großen Meister verkörperten und echt musikalische Erfinder auch in aller Zukunft pflegen werden.

Karlsbad im Mai 1896.

Ed. H.

Inhalt.

I.

Die Gefühlsästhetik.

Die bisherige Behandlungsweise der musi=
kalischen Ästhetik leidet fast durchaus an dem em=
pfindlichen Mißgriff, daß sie sich nicht sowohl mit
der Ergründung dessen, was in der Musik schön
ist, als vielmehr mit der Schilderung der Gefühle
abgiebt, die sich unser dabei bemächtigen. Diese
Untersuchungen entsprechen vollständig dem Stand=
punkt jener älteren ästhetischen Systeme, welche das
Schöne nur in Bezug auf die dadurch wachgerufe=
nen Empfindungen betrachteten und bekanntlich auch
die Philosophie des S c h ö n e n als eine Tochter der
Empfindung (αἴσϑησις) aus der Taufe hoben.

An und für sich unphilosophisch, bekommen
solche Ästhetiken in ihrer Anwendung auf die äthe=
rischeste aller Künste geradezu etwas Sentimentales

das, so erquickend als möglich für schöne Seelen,
dem Lernbegierigen äußerst wenig Aufklärung bietet. Wer über das Wesen der Tonkunst Belehrung
sucht, der wünscht eben aus der dunklen Herrschaft
des Gefühls herauszukommen, und nicht — wie
ihm in den meisten Handbüchern geschieht — fortwährend auf das Gefühl verwiesen zu werden.

Der Drang nach einer möglichst objektiven
Erkenntnis der Dinge, wie er in unserer Zeit alle
Gebiete des Wissens bewegt, muß nothwendig auch
an die Erforschung des Schönen rühren. Diese
wird ihm nur dadurch genügen können, daß sie
mit einer Methode bricht, welche vom subjektiven
Gefühl ausgeht, um nach einem poetischen Spazier-
gang über die ganze Peripherie des Gegenstandes
wieder zum Gefühl zurückzukehren. Sie wird, will
sie nicht ganz illusorisch werden, sich der natur-
wissenschaftlichen Methode wenigstens so weit nähern
müssen, daß sie versucht, den Dingen selbst an den
Leib zu rücken, und zu forschen, was in diesen,
losgelöst von den tausendfältig wechselnden Eindrücken, das Bleibende, Objektive sei.

Die Poesie und die bildenden Künste sind in
ihrer ästhetischen Erforschung und Begründung dem

gleichen Erwerb der Tonkunst weit voraus. Ihre
Gelehrten haben größtenteils den Wahn abgelegt,
es könne die Ästhetik einer bestimmten Kunst durch
bloßes Anpassen des allgemeinen, metaphysischen
Schönheitsbegriffs (der doch in jeder Kunst eine
Reihe neuer Unterschiede eingeht) gewonnen werden.
Die knechtische Abhängigkeit der Spezial=Ästhetiken
von dem obersten metaphysischen Prinzip einer
allgemeinen Ästhetik weicht immer mehr der Über=
zeugung, daß jede Kunst in ihren eigenen tech=
nischen Bestimmungen gekannt, aus sich selbst her=
aus begriffen sein will. Das „System" macht all=
mählich der „Forschung" Platz, und diese hält fest
an dem Grundsatz, daß die Schönheitsgesetze jeder
Kunst untrennbar sind von den Eigenthümlichkeiten
ihres Materials, ihrer Technik.*)

***

*) R. Schumann hat viel Unheil angestiftet mit seinem
Satz (I, 43 der Gesammelten Schriften): „Die Ästhetik der einen
Kunst ist die der andern, nur das Material ist verschieden."
Ganz anders urteilt Grillparzer und trifft das Richtige
mit folgendem Ausspruch (IX, 142 der sämtl. Werke): „Der
übelste Dienst, den man in Deutschland den Künsten erwei=
sen konnte, war wohl der, sie sämtlich unter den Namen der
Kunst zusammenzufassen. So viel Berührungspunkte sie
unter sich allerdings wohl haben, so unendlich verschieden
sind sie in den Mitteln, ja in den Grundbedingungen ihrer

1*

Sodann pflegen die Ästhetiken der redenden und der bildenden Künste, sowie ihre praktischen Ausläufer, die Kunstkritiken, bereits die Regel fest= zuhalten, daß in ästhetischen Untersuchungen vor= erst das schöne Objekt und nicht das empfindende Subjekt zu erforschen ist.

Die Tonkunst allein scheint diesen sachlichen Standpunkt noch immer nicht erringen zu können. Sie scheidet streng ihre theoretisch=grammatikalischen Regeln von den ästhetischen Untersuchungen und liebt es, erstere so trocken verständig, letztere so lyrisch=sentimental als möglich zu halten. Sich ihren Inhalt als eine selbständige Art des Schönen klar und scharf gegenüber zu stellen, war der musika= lischen Ästhetik bisher eine unerschwingliche An=

Ausübung. Wenn man den Grundunterschied der Musik und der Dichtkunst schlagend charakterisieren wollte, so müßte man darauf aufmerksam machen, wie die Wirkung der Musik vom Sinnenreiz, vom Nervenspiel beginnt und, nachdem das Ge= fühl angeregt worden, höchstens in letzter Instanz an das Geistige gelangt, indes die Dichtkunst zuerst den Begriff er= weckt, nur durch ihn auf das Gefühl wirkt und als äußerste Stufe der Vollendung oder der Erniedrigung erst das Sinn= liche teilnehmen läßt; der Weg beider ist daher gerade der umgekehrte. Die eine Vergeistigung des Körperlichen, die andere Verkörperung des Geistigen."

strengung. Statt dessen treiben da die „Empfin=
dungen" den alten Spuk bei helllichtem Tage fort.
Das musikalisch Schöne wird nach wie vor nur
von Seite seines subjektiven Eindrucks angesehen,
und in Büchern, Kritiken und Gesprächen täglich
bekräftigt, daß die Affekte die einzige ästhetische
Grundlage der Tonkunst und allein berechtigt seien,
die Grenzen des Urteils über dieselbe abzustecken.

Die Musik — so wird uns gelehrt — kann
nicht durch Begriffe den Verstand unterhalten, wie
die Dichtkunst, ebensowenig durch sichtbare Formen
das Auge wie die bildenden Künste, also muß sie
den Beruf haben, auf die Gefühle des Menschen
zu wirken. „Die Musik hat es mit den Gefühlen
zu thun." Dieses „zu thun haben" ist einer der
charakteristischen Ausdrücke der bisherigen musika=
lischen Ästhetik. Worin der Zusammenhang der
Musik mit den Gefühlen, bestimmter Musikstücke
mit bestimmten Gefühlen bestehe, nach welchen
Naturgesetzen er wirke, nach welchen Kunstgesetzen er
zu gestalten sei, darüber ließen uns diejenigen voll=
kommen im Dunkeln, die eben damit „zu thun" hatten.
Erst wenn man sein Auge ein wenig an dieses
Dunkel gewöhnt hat, gelangt man dahin, zu ent=

decken, daß in der herrschenden musikalischen An=
schauung die Gefühle eine doppelte Rolle spielen.

Fürs erste wird als Zweck und Bestimmung
der Musik aufgestellt, sie solle Gefühle oder „schöne
Gefühle" erwecken. Fürs zweite bezeichnet man
die Gefühle als den Inhalt, welchen die Tonkunst
in ihren Werken darstellt.

Beide Sätze haben das Ähnliche, daß der eine
genau so falsch ist, wie der andere.

Die Widerlegung des ersteren, die meisten
musikalischen Handbücher einleitenden Satzes darf
uns nicht lange aufhalten. Das Schöne hat über=
haupt keinen Zweck, denn es ist bloße Form,
welche zwar nach dem Inhalt, mit dem sie erfüllt
wird, zu den verschiedensten Zwecken verwandt
werden kann, aber selbst keinen andern hat, als sich
selbst. Wenn aus der Betrachtung des Schönen
angenehme Gefühle für den Betrachter entstehen,
so gehen diese das Schöne als solches nichts an.
Ich kann wohl dem Betrachter Schönes vorführen
in der bestimmten Absicht, daß er daran Vergnügen
finde, allein diese Absicht hat mit der Schönheit
des Vorgeführten selbst nichts zu schaffen. Das
Schöne ist und bleibt schön, auch wenn es keine

Gefühle erzeugt, ja wenn es weder geschaut noch
betrachtet wird; also zwar nur für das Wohl=
gefallen eines anschauenden Subjekts, aber nicht
durch dasselbe.

Von einem Zweck kann also in diesem Sinn
auch bei der Musik nicht gesprochen werden, und
die Thatsache, daß diese Kunst in einem lebhaften
Zusammenhang mit unseren Gefühlen steht, recht=
fertigt keineswegs die Behauptung, es liege in
diesem Zusammenhange ihre ästhetische Bedeutung.

Um dieses Verhältnis näher zu untersuchen,
müssen wir vorerst die Begriffe „Gefühl" und
„Empfindung" — gegen deren Verwechselung im
gewöhnlichen Sprachgebrauch nichts einzuwenden
ist — hier streng unterscheiden.

Empfindung ist das Wahrnehmen einer be=
stimmten Sinnesqualität: eines Tons, einer Farbe.
Gefühl das Bewußtwerden einer Förderung oder
Hemmung unseres Seelenzustandes, also eines
Wohlseins oder Mißbehagens. Wenn ich den Ge=
ruch oder Geschmack eines Dinges, dessen Form,
Farbe oder Ton mit meinen Sinnen einfach wahr=
nehme (perzipiere), so empfinde ich diese Quali=
täten; wenn Wehmut, Hoffnung, Frohsinn oder

Haß mich bemerkbar über den gewöhnlichen Seelen=
zustand emporheben oder unter denselben herab=
drücken, so fühle ich.*)

Das Schöne trifft zuerst unsere Sinne. Dieser
Weg ist ihm nicht eigentümlich, es teilt ihn mit
allem überhaupt Erscheinenden. Die Empfindung
ist Anfang und Bedingung des ästhetischen Ge=
fallens und bildet erst die Basis des Gefühls,
welches stets ein Verhältnis und oft die kompli=
ziertesten Verhältnisse voraussetzt. Empfindungen
zu erregen bedarf es nicht der Kunst; ein einzelner
Ton, eine einzelne Farbe kann das. Wie gesagt
werden beide Ausdrücke willkürlich vertauscht, mei=
stens aber in älteren Werken „Empfindung" ge=
nannt, was wir als „Gefühl" bezeichnen. Unsere
Gefühle also, meinen jene Schriftsteller, solle die
Musik erregen und uns abwechselnd mit Andacht,
Liebe, Jubel, Wehmut erfüllen.

Solche Bestimmung hat aber in Wahrheit

---

*) In dieser Begriffsbezeichnung stimmen die älteren
Philosophen mit den neueren Physiologen überein, und wir
mußten sie unbedingt den Benennungen der Hegelschen
Schule vorziehen, welche bekanntlich innere und äußere Em=
pfindung unterscheidet.

weder diese, noch eine andere Kunst. Die Kunst hat vorerst ein Schönes darzustellen. Das Organ, womit das Schöne aufgenommen wird, ist nicht das Gefühl,*) sondern die Phantasie, als die Thätigkeit des reinen Schauens.

Merkwürdig ist es, wie die Musiker und älteren Ästhetiker sich nur in dem Kontrast von „Gefühl" und „Verstand" bewegen, als läge nicht die Hauptsache gerade inmitten dieses angeblichen Dilemmas. Aus der Phantasie des Künstlers ent= steigt das Tonstück für die Phantasie des Hörers. Freilich ist die Phantasie gegenüber dem Schönen nicht bloß ein Schauen, sondern ein Schauen mit Verstand, d. i. Vorstellen und Urteilen, letz= teres natürlich mit solcher Schnelligkeit, daß die einzelnen Vorgänge uns gar nicht zum Bewußtsein kommen, und die Täuschung entsteht, es geschehe

---

*) Hegel hat gezeigt wie die Untersuchung der „Em= pfindungen" (nach unserer Terminologie: der Gefühle), welche eine Kunst erweckt, ganz im Unbestimmten stehen bleibt und gerade vom eigentlichen konkreten Inhalt absieht. „Was empfunden wird," sagt er, „bleibt eingehüllt in der Form abstraktester, einzelner Subjektivität, und deshalb sind auch die Unterschiede der Empfindung ganz abstrakte, keine Unterschiede der Sache selbst" (Ästhetik I, 42).

unmittelbar, was doch in Wahrheit von viel=
fach vermittelnden Geistesprozessen abhängt. Das
Wort „Anschauung", längst von den Gesichtsvor=
stellungen auf alle Sinneserscheinungen übertragen,
entspricht überdies trefflich dem Akte des aufmerk=
samen Hörens, welches ja in einem successiven Be=
trachten der Tonformen besteht. Die Phantasie
ist dabei keineswegs ein abgeschlossenes Gebiet:
so wie sie ihren Lebensfunken aus den Sinnes=
empfindungen zog, sendet sie wiederum ihre Radien
schnell an die Thätigkeit des Verstandes und des
Gefühls aus. Dies sind für die echte Auffassung
des Schönen jedoch nur Grenzgebiete.

In reiner Anschauung genießt der Hörer das
erklingende Tonstück, jedes stoffliche Interesse muß
ihm fern liegen. Ein solches ist aber die Tendenz,
Affekte in sich erregen zu lassen. Ausschließliche
Bethätigung des Verstandes durch das Schöne
verhält sich logisch anstatt ästhetisch, eine vor=
herrschende Wirkung auf das Gefühl ist noch be=
denklicher, nämlich gerade pathologisch.

Alles das, von der allgemeinen Ästhetik längst
entwickelt, gilt gleichmäßig für das Schöne aller
Künste. Behandelt man also die Musik als Kunst,

so muß man die Phantasie und nicht das Gefühl
als die ästhetische Instanz derselben erkennen. Der
bescheidene Vordersatz scheint uns darum rätlich,
weil bei dem wichtigen Nachdruck, welcher uner=
müdlich auf die durch Musik zu erzielende Sänf=
tigung der menschlichen Leidenschaften gelegt wird,
man in der That oft nicht weiß, ob von der Ton=
kunst als von einer polizeilichen, einer pädagogi=
schen oder medizinischen Maßregel die Rede ist.
Die Musiker sind aber weniger in dem Irr=
tume befangen, alle Künste gleichmäßig den Ge=
fühlen vindizieren zu wollen, als sie darin vielmehr
etwas spezifisch der Tonkunst Eigentümliches sehen.
Die Macht und Tendenz, beliebige Affekte im
Hörer zu erwecken, sei es eben, was die Musik
vor den übrigen Künsten charakterisiere.*)

_____

*) Wo „Gefühl" nicht einmal von „Empfindung" ge=
trennt wurde, da kann von einem tieferen Eingehen in die
Unterschiede des ersteren um so weniger die Rede sein;
sinnliche und intellektuelle Gefühle, die chronische Form der
Stimmung, die akute des Affektes, Neigung und Leiden=
schaft, sowie die eigentümlichen Färbungen dieser als „pathos"
der Griechen und „passio" der neueren Lateiner wurden in
bunter Mischung nivelliert, und von der Musik lediglich
ausgesagt, sie sei speziell die Kunst, Gefühle zu erregen.

Allein so wenig wir diese Wirkung als die Aufgabe der Künste überhaupt anerkannten, so wenig können wir in ihr das spezifische Wesen der Musik erblicken. Einmal festgehalten, daß die Phantasie das eigentliche Organ des Schönen ist, wird eine sekundäre Wirkung auf das Gefühl in jeder Kunst vorkommen. Bewegt uns nicht ein großes Geschichtsbild mit der Kraft eines Er= lebnisses? Stimmen uns Raphaels Madonnen nicht zur Andacht, Poussins Landschaften nicht zu sehnsüchtiger Wanderlust? Bleibt etwa der An= blick des Straßburger Doms ohne Wirkung auf unser Gemüt? Die Antwort kann nicht zweifel= haft sein. Sie gilt ebenso von der Poesie, ja von mancher außerästhetischen Thätigkeit, z. B. religiöser Erbauung, Eloquenz u. a. Wir sehen, daß die übrigen Künste ebenfalls stark genug auf das Gefühl einwirken. Den angeblichen prinzi= piellen Unterschied derselben von der Musik müßte man daher auf ein Mehr oder Weniger dieser Wirkung basieren. Ganz unwissenschaftlich an sich, hätte dieser Ausweg obendrein die Entscheidung, ob man stärker und tiefer fühle bei einer Mozart= schen Symphonie oder bei einem Trauerspiele

Shakespeares, bei einem Gedicht von Uhland oder einem Hummelschen Rondo, füglich jedermann selbst zu überlassen. Meint man aber, die Musik wirke „unmittelbar" auf das Gefühl, die andern Künste erst durch die Vermittlung von Begriffen, so fehlt man nur mit andern Worten, weil, wie wir gesehen, die Gefühle auch von dem Musika= lisch = Schönen nur in zweiter Linie beschäftigt werden sollen, unmittelbar nur die Phantasie. Unzählige Mal wird in musikalischen Abhand= lungen die Analogie herbeigerufen, die zweifellos zwischen der Musik und der Baukunst besteht. Ist aber je einem vernünftigen Architekten beige= fallen, die Baukunst habe den Zweck, Gefühle zu erregen, oder es seien diese der Inhalt derselben?

Jedes wahre Kunstwerk wird sich in irgend eine Beziehung zu unserm Fühlen setzen, keines in eine ausschließliche. Man sagt also gar nichts für das ästhetische Prinzip der Musik Entscheiden= des, wenn man sie nur ganz allgemein durch ihre Wirkung auf das Gefühl charakterisiert. Ebenso wenig etwa, als man das Wesen des Weins er= gründet, indem man sich betrinkt. Es wird einzig auf die spezifische Art ankommen, wie solche

Affekte d u r ch M u f i k hervorgerufen werden. Statt
also an der sekundären und unbestimmten Gefühls=
wirkung musikalischer Erscheinungen zu kleben, gilt
es in das Innere der Werke zu bringen und die
spezifische Kraft ihres Eindrucks aus den Gesetzen
ihres eigenen Organismus zu erklären. Ein Maler
oder ein Poet überredet sich kaum mehr, Rechen=
schaft von dem Schönen seiner Kunst abgelegt zu
haben, wenn er untersuchte, welche „Gefühle" seine
Landschaft oder sein Drama hervorruft: er wird
der zwingenden Macht nachspüren, w a r u m das
Werk gefällt und weshalb gerade in dieser und
keiner andern Weise. Daß diese Untersuchung,
wie wir später sehen werden, in der Tonkunst viel
schwieriger ist als in den anderen Künsten, ja
daß das Erforschliche in ihr nur bis zu einer ge=
wissen Tiefe hinabreicht, berechtigt ihre Kritiker
noch lange nicht, Gefühlsaffektion und musikalische
Schönheit unmittelbar zu vermengen, statt sie in
wissenschaftlicher Methode möglichst getrennt dar=
zustellen.

Kann überhaupt das Gefühl keine Basis für
ästhetische Gesetze sein, so ist obendrein gegen die
Sicherheit des musikalischen Fühlens Wesentliches

zu bemerken. Wir meinen hier nicht bloß die kon=
ventionelle Befangenheit, die es ermöglicht, daß unser
Fühlen und Vorstellen oft durch Texte, Überschriften
und andere bloß gelegentliche Gedankenverbindungen,
besonders in Kirchen= Kriegs=, und Theaterkom=
positionen eine Richtung erhält, welche wir fälsch=
lich dem Charakter der Musik an sich zuzuschreiben
geneigt sind. Vielmehr ist überhaupt der Zu=
sammenhang eines Tonstückes mit der dadurch her=
vorgerufenen Gefühlsbewegung kein unbedingt kau=
saler, sondern es wechselt diese Stimmung mit dem
wechselnden Standpunkt unserer musikalischen Er=
fahrungen und Eindrücke. Wir begreifen heute oft
kaum, wie unsere Großeltern d i e s e Tonreihe für
einen entsprechenden Ausdruck gerade d i e s e s Affekts
ansehen konnten. Dafür ist z. B. die außerordent-
liche Verschiedenheit ein Beweis, mit der viele
Mozartsche, Beethovensche und Webersche Kompo=
sitionen zur Zeit ihrer Neuheit im Gegensatz zu
heute auf die Herzen der Hörer wirkten. Wie viele
Werke von Mozart erklärte man zu ihrer Zeit für
das leidenschaftlichste, feurigste und kühnste, was
überhaupt an musikalischen Stimmungsbildern mög=
lich schien. Der Behaglichkeit und dem reinen

Wohlfein, welches aus Haydns Symphonieen aus=
ströme, stellte man die Ausbrüche heftiger Leiden=
schaft, ernftester Kämpfe, bitterer, schneidender
Schmerzen in Mozarts*) Musik gegenüber. Zwan=
zig bis dreißig Jahre später entschied man genau
so zwischen Beethoven und Mozart. Die Stelle
Mozarts als Repräsentanten der heftigen, hin=
reißenden Leidenschaft nahm Beethoven ein, und
Mozart war zu der olympischen Klassicität Haydns
avanciert. Ähnliche Wandlungen seiner Anschau=
ung erfährt jeder aufmerksame Musiker im Laufe
eines längeren Lebens an sich selbst. Durch diese
Verschiedenheit der Gefühlswirkung ist jedoch die
m u s i k a l i s c h e Schätzung vieler einst so aufregend
wirkender Werke, der ästhetische Genuß, den ihre
Originalität und S c h ö n h e i t uns heute noch
bereitet, an und für sich nicht alteriert. Der
Zusammenhang musikalischer Werke mit gewissen

---

*) Namentlich von Rochlitz existieren manche solcher
für uns heute sehr verwunderlichen Aussprüche über Mozarts
Instrumentalmusiken. Derselbe Rochlitz bezeichnet das rei=
zende Menuetto capriccio in Webers As-dur=Sonate als
einen „ununterbrochen fortströmenden Erguß einer leidenschaft=
lichen, heftig aufgeregten Seele, und doch mit bewunderungs=
würdiger Festigkeit zusammengehalten".

Stimmungen besteht also nicht immer, überall, not=
wendig, als ein absolut Zwingendes, er ist vielmehr
unvergleichlich wandelbarer als in jeder andern
Kunst.

So besitzt denn die Wirkung der Musik auf
das Gefühl weder die Notwendigkeit, noch die Aus=
schließlichkeit, noch die Stetigkeit, welche eine Er=
scheinung aufweisen müßte, um ein ästhetisches Prin=
zip begründen zu können.

Die starken Gefühle selbst, welche die Musik
aus ihrem Schlummer wachsingt, und all die süßen
wie schmerzlichen Stimmungen, in die sie uns Halb=
träumende einlullt: wir möchten sie nicht durchaus
unterschätzen. Zu den schönsten, heilsamsten Myste=
rien gehört es ja, daß die Kunst solche Bewegungen
ohne irdischen Anlaß, recht von Gottes Gnaden
hervorzurufen vermag. Nur gegen die unwissen=
schaftliche Verwertung dieser Thatsachen für ä st h e =
tische Prinzipien legen wir Verwahrung ein.
Lust und Trauer können durch Musik in hohem
Grade erweckt werden; das ist richtig. Nicht in
noch höherem vielleicht durch den Gewinnst des
großen Treffers, oder durch die Todeskrankheit eines
Freundes? Solange man Anstand nimmt, deßhalb

ein Lotterielos den Symphonieen, ober ein ärzt=
liches Bulletin den Duverturen beizuzählen, so
lange barf man auch faktisch erzeugte Affekte nicht
als eine ästhetische Spezialität ber Tonkunst ober
eines bestimmten Tonstücks behandeln. Es wirb
einzig auf die s p e z i f i s c h e A r t ankommen, w i e
solche Affekte b u r c h M u s i k hervorgerufen werden.
Wir werden im IV. unb V. Kapitel ben Einwir=
kungen ber Musik auf bas Gefühl die aufmerk=
samste Betrachtung wibmen, unb bie p o s i t i v e n
Seiten dieses merkwürbigen Verhältnisses unter=
suchen. Hier, am Eingang unserer Schrift, konnte
bie negative Seite, als Protest gegen ein unwissen=
schaftliches Prinzip, nicht zu scharf hervorgekehrt
werden.

Der erste, ber meines Wissens diese Gefühls=
ästhetik in ber Musik angegriffen hat, ist H e r =
b a r t (im 9. Kapitel seiner Encyklopädie). Nach=
bem er sich gegen bie „Deutelei" von Kunstwerken
erklärt hat, sagt er: „Die Traumbeuter unb Astro=
logen haben sich Jahrtausende nicht wollen sagen
lassen, daß ein Mensch träume, weil er schläft,
unb baß die Gestirne sich balb ba balb bort
zeigen, weil sie sich bewegen. So wiederholen

bis auf den heutigen Tag selbst gute Musik=
kenner den Satz, die Musik drücke Gefühle aus,
als ob das Gefühl, das etwa durch sie erregt
wird und zu dessen Ausdruck sie eben deshalb,
wenn man will, sich gebrauchen läßt, den all=
gemeinen Regeln des einfachen und doppelten
Kontrapunktes zu Grunde läge, auf denen ihr
wahres Wesen beruht. Was mögen doch die alten
Künstler, welche die möglichen Formen der Fuge
entwickelten, auszudrücken beabsichtigt haben? Gar
nichts wollen sie ausdrücken; ihre Gedanken
gingen nicht hinaus, sondern in das innere Wesen
der Kunst hinein; diejenigen aber, die sich auf
Bedeutungen legen, verraten ihre Scheu vor dem
Innern und ihre Vorliebe für den äußern Schein."
Leider hat Herbart diese gelegentliche Opposition
im einzelnen nicht näher begründet, und neben
dieser glänzenden finden sich bei ihm auch manche
schiefen Bemerkungen über Musik. Jedenfalls
haben seine obigen Worte, wie wir sogleich sehen
werden, nicht die verdiente Beachtung gefunden.

Anmerkung. Es dünkt uns für den vorliegenden
Zweck kaum notwendig, den Ansichten, deren Bekämpfung
uns beschäftigt, die Namen ihrer Autoren beizusetzen, da diese
Ansichten weniger die Blüte eigentümlicher Überzeugungen,

als vielmehr der Ausdruck einer allgemein gewordenen tra=
ditionellen Denkweise sind. Nur um einen Einblick in die
ausgebreitete Herrschaft dieser Grundsätze zu gewähren, mögen
einige Citate älterer und neuerer Musikschriftsteller aus der
großen Menge derer, welche dafür zu Gebote stehen, hier
Platz finden.

Mattheson: „Wir müssen bei jeder Melodie uns eine
Gemütsbewegung (wo nicht mehr als eine) zum
Hauptzweck setzen." (Vollkomm. Kapellmeister. S. 143.)

Neidhardt: „Der Musik Endzweck ist, alle Affekte
durch die bloßen Töne und deren Rhythmum, trotz dem
besten Redner, rege zu machen." (Vorrede zur „Tem=
peratur".)

J. N. Forkel versteht unter den „Figuren in der Musik"
„dasselbe, was sie in der Dichtkunst und Redekunst
sind, nämlich der Ausdruck der unterschiedenen Arten,
nach welchen sich Empfindungen und Leiden=
schaften äußern". (Über die Theorie der Musik.
Göttingen 1777. S. 26.)

J. Mosel definiert die Musik als „die Kunst, be=
stimmte Empfindungen durch geregelte Töne aus=
zudrücken".

C. F. Michaelis: „Musik ist die Kunst des Ausdrucks
von Empfindungen durch Modulation der Töne.
Sie ist die Sprache der Affekte" 2c. (Über den Geist
der Tonkunst, 2. Versuch). 1800. S. 29.)

Marburg: „Der Zweck, den der Komponist sich in seiner
Arbeit vorsetzen soll, ist, die Natur nachzuahmen . . .
die Leidenschaften nach seinem Willen zu regen . . .

die Bewegungen der Seele, die Neigungen des Herzens nach dem Leben zu schildern." (Krit. Musikus, 1. Band. 1750. 40. Stück.)

W. Heinse: „Der Hauptendzweck der Musik ist die Nach=ahmung oder vielmehr Erregung der Leidenschaften." (Musikal. Dialoge. 1805. S. 30.)

J. J. Engel: „Eine Sinfonie, eine Sonate u. s. w. muß die Ausführung einer Leidenschaft, die aber in mannig=faltige Empfindungen ausbeugt, enthalten." (Über musik. Malerei. 1780. S. 29.)

J. Ph. Kirnberger: „Ein melodischer Satz (Thema) ist ein verständlicher Satz aus der Sprache der Empfin=dung, der einen empfindsamen Zuhörer die Gemüts=lage, die ihn hervorgebracht hat, fühlen läßt." (Kunst des reinen Satzes, II. Teil. S. 152.)

Pierers Universallexikon (2. Auflage): „Musik ist die Kunst, durch schöne Töne Empfindungen und Seelen=zustände auszudrücken. Sie steht höher als die Dicht=kunst, welche nur(!) mit dem Verstande erkennbare Stimmungen darzustellen vermag, da die Musik ganz unerklärliche Empfindungen und Ahnungen ausdrückt."

G. Schillings Universallexikon der Tonkunst bringt unter dem Artikel „Musik" die gleiche Erklärung.

Koch definiert die Musik als die „Kunst, ein angenehmes Spiel der Empfindungen durch Töne auszudrücken". (Musik. Lexikon: „Musik".)

A. André: „Musik ist die Kunst, Töne hervorzubringen, welche Empfindungen und Leidenschaften schildern, er=regen und unterhalten." (Lehrbuch der Tonkunst I.)

Sulzer: „Musik ist die Kunst, durch Töne unsere Leiden=
schaften auszudrücken, wie in der Sprache durch Worte."
(Theorie der schönen Künste.)

J. W. Böhm: „Nicht den Verstand, nicht die Vernunft,
sondern nur das Gefühlsvermögen beschäftigen der
Saiten harmonische Töne." (Analyse des Schönen der
Musik. Wien 1830. S. 62.)

Gottfried Weber: „Die Tonkunst ist die Kunst, durch
Töne Empfindungen auszudrücken." (Theorie der
Tonsetzkunst, 2. Aufl. I. Bd. S. 15.)

F. Hand: „Die Musik stellt Gefühle dar. Jedes Ge=
fühl und jeder Gemütszustand hat an sich und
so auch in der Musik seinen besonderen Ton und
Rhythmus." (Ästhetik der Tonkunst, I. Band. 1837.
§ 24.)

Amadeus Autodidaktus: „Die Tonkunst entquillt und
wurzelt nur in der Welt der geistigen Gefühle und
Empfindungen. Musikalisch melodische Töne(!) er=
klingen nicht dem Verstande, welcher Empfindungen ja
nur beschreibt und zergliedert, . . . sie sprechen zu dem
Gemüt" 2c. (Aphorismen über Musik. Leipzig 1857.
S. 329.)

Fermo Bellini: „Musica è l'arte, che esprime i senti-
menti e le passioni col mezzo di suoni." (Manuale
di Musica. Milano, Ricordi. 1853.)

Friedrich Thiersch: Allgemeine Ästhetik (Berlin 1846)
§ 18. S. 101: „Die Musik ist die Kunst, durch Wahl
und Verbindung der Töne Gefühle und Stimmungen
des Gemütes auszudrücken oder zu erregen."

A. v. Dommer: Elemente der Musik (Leipzig 1862): „Aufgabe der Tonkunst: Die Tonkunst soll Gefühle und durch das Gefühl Vorstellungen in uns erregen." (S. 174.)

Rich. Wagner, „Das Kunstwerk der Zukunft" (1850. Gesamm. Schr. III, 99 und ähnlich sonst): „Das Organ des Herzens ist der Ton, seine künstlerisch bewußte Sprache die Tonkunst." In den späteren Schriften freilich werden Wagners Definitionen noch nebelhafter; da ist ihm Musik gleich „Kunst des Ausdrucks" überhaupt (in „Oper und Drama", ges. Schriften III, 343), die ihm als „Idee der Welt" befähigt scheint, „das Wesen der Dinge in seiner unmittelbarsten Kundgebung zu erfassen" u. s. w. („Beethoven", 1870. S. 6 ff.)

II

Die „Darstellung von Gefühlen" ist nicht der Inhalt der Musik.

Teils als Konsequenz dieser Theorie, welche die Gefühle für das Endziel musikalischer Wirkung erklärt, teils als Korrektiv derselben, wird der Satz aufgestellt: die Gefühle seien der Inhalt, welchen die Tonkunst darzustellen habe.

Die philosophische Untersuchung einer Kunst drängt zu der Frage nach dem Inhalt derselben. Die Verschiedenheit des Inhalts der Künste (untereinander) und die damit zusammenhängende Grundverschiedenheit ihrer Gestaltung folgt mit Notwendigkeit aus der Verschiedenheit der Sinne, an welche sie gebunden sind. Jeder Kunst eignet ein Kreis von Ideen, welche sie mit ihren Ausdrucksmitteln, als Ton, Wort, Farbe, Stein darstellt.

Das einzelne Kunstwerk verkörpert demnach eine bestimmte Idee als Schönes in sinnlicher Erschei= nung. Diese bestimmte Idee, die sie verkörpernde Form, und die Einheit beider sind Bedingungen des Schönheitsbegriffs, von welchen keine wissen= schaftliche Ergründung irgend einer Kunst sich mehr trennen kann.

Was Inhalt eines Werks der dichtenden oder bildenden Kunst sei, läßt sich mit Worten aus= drücken und auf Begriffe zurückführen. Wir sagen: dies Bild stellt ein Blumenmädchen vor, diese Statue einen Gladiator, jenes Gedicht eine That Rolands. Das mehr oder minder vollkommene Aufgehen des so bestimmten Inhalts in der künst= lerischen Erscheinung begründet dann unser Urteil über die Schönheit des Kunstwerks.

Als Inhalt der Musik hat man ziemlich einverständlich die ganze Stufenleiter menschlicher Gefühle genannt, weil man in diesen den Gegen= satz zu begrifflicher Bestimmtheit und daher die richtige Unterscheidung von dem Ideal der bildenden und dichtenden Kunst gefunden glaubte. Demnach seien die Töne und ihr kunstreicher Zusammen= hang bloß Material, Ausdrucksmittel, wodurch der

Komponist die Liebe den Mut, die Andacht, das
Entzücken darstellt. Diese Gefühle in ihrer reichen
Mannigfaltigkeit seien die Idee, welche den irdischen
Leib des Klanges angethan, um als musikalisches
Kunstwerk auf Erden zu wandeln. Was uns an
einer reizenden Melodie, einer sinnigen Harmonie
ergötzt und erhebt, sei nicht diese selbst, sondern
was sie bedeutet: das Flüstern der Zärtlichkeit, das
Stürmen der Kampflust.

Um auf festen Boden zu gelangen, müssen wir
vorerst solche altverbundene Metaphern schonungs=
los trennen: Das F l ü s t e r n? Ja; — aber keines=
wegs der „Sehnsucht"; das S t ü r m e n? Aller=
dings, doch nicht der „Kampflust". In der That
besitzt die Musik das eine oder das andere; sie
kann flüstern, stürmen, rauschen, — das Lieben
und Zürnen aber trägt nur unser eigenes Herz in
sie hinein.

Die Darstellung eines bestimmten Gefühls
oder Affektes liegt gar nicht in dem eigenen Ver=
mögen der Tonkunst.

Es stehen nämlich die Gefühle in der Seele
nicht isoliert da, so daß sie sich aus ihr gleichsam
herausheben ließen von einer Kunst, welcher die

Darstellung der übrigen Geistesthätigkeiten ver=
schlossen ist. Sie sind im Gegenteil abhängig von
physiologischen und pathologischen Voraussetzungen,
sind bedingt durch Vorstellungen, Urteile, kurz
durch eben das ganze Gebiet verständigen und ver=
nünftigen Denkens, welchem man das Gefühl so
gern als ein Gegensätzliches gegenüberstellt.

Was macht denn ein Gefühl zu diesem be=
stimmten Gefühl? Zur Sehnsucht, Hoffnung,
Liebe? Etwa die bloße Stärke oder Schwäche,
das Wogen der inneren Bewegung? Gewiß nicht.
Diese kann bei verschiedenen Gefühlen gleich sein
und auch wieder bei demselben Gefühl, in mehreren
Individuen, zu andern Zeiten, verschieden. Nur
auf Grundlage einer Anzahl — im Momente
starken Fühlens vielleicht unbewußter — Vor=
stellungen und Urteile kann unser Seelenzustand
sich zu eben diesem bestimmten Gefühl verdichten.
Das Gefühl der Hoffnung ist untrennbar von der
Vorstellung eines glücklicheren Zustandes, welcher
kommen soll und mit dem gegenwärtigen verglichen
wird. Die Wehmut vergleicht ein vergangenes
Glück mit der Gegenwart. Das sind ganz be=
stimmte Vorstellungen, Begriffe, ohne sie, ohne

diefen Gedankenapparat kann man das gegen=
wärtige Fühlen nicht „Hoffnung", nicht „Wehmut"
nennen, er macht sie dazu. Abstrahiert man von
ihm, so bleibt eine unbestimmte Bewegung, allen=
falls die Empfindung allgemeinen Wohlbefindens
oder Mißbehagens. Die Liebe kann ohne die
Vorstellung einer geliebten Persönlichkeit, ohne den
Wunsch und das Streben nach der Beglückung
Verherrlichung, dem Besitz dieses Gegenstandes
nicht gedacht werden. Nicht die Art der bloßen
Seelenbewegung, sondern ihr begrifflicher Kern,
ihr wirklicher, historischer Inhalt macht sie zur
Liebe. Ihrer Dynamik nach kann diese eben=
sogut sanft als stürmisch, ebensowohl froh als
schmerzlich auftreten und bleibt doch immer Liebe.
Diese Betrachtung allein reicht hin, zu zeigen, daß
Musik nur jene verschiedenen begleitenden Adjek=
tiva ausdrücken könne, nie das Substantivum, die
Liebe selbst. Ein bestimmtes Gefühl (eine Leiden=
schaft, ein Affekt) existiert als solches niemals
ohne einen wirklichen historischen Inhalt, der eben
nur in Begriffen dargelegt werden kann. Begriffe
kann die Musik als „unbestimmte Sprache" zu=
gestandener Weise nicht wiedergeben — ist da

nicht die Folgerung psychologisch unablehnbar, daß
sie auch bestimmte Gefühle nicht auszudrücken ver=
mag? Die Bestimmtheit der Gefühle ruht ja
gerade in deren begrifflichem Kern.

Wie es komme, daß Musik dennoch Gefühle,
wie Wehmut, Frohsinn u. dergl. erregen kann
(nicht muß), das wollen wir später, wo vom
subjektiven Eindruck der Musik die Rede sein
wird, untersuchen. Hier mußte bloß theoretisch
festgestellt werden, ob die Musik fähig sei, ein
bestimmtes Gefühl darzustellen. Die Frage
war zu verneinen, da die Bestimmtheit der Gefühle
von konkreten Vorstellungen und Begriffen nicht
getrennt werden kann, welche letztere außer dem
Gestaltungsbereich der Musik liegen. — Einen
gewissen Kreis von Ideen hingegen kann die
Musik mit ihren eigensten Mitteln reichlichst dar=
stellen. Dies sind, entsprechend dem sie aufneh=
menden Organ, unmittelbar alle diejenigen Ideen,
welche auf hörbare Veränderungen der Kraft, der
Bewegung, der Proportionen sich beziehen, also
die Idee des Anschwellenden, des Absterbenden,
des Eilens, Zögerns, des künstlich Verschlungenen,
des einfach Fortschreitenden u. dergl. — Es kann

ferner der ästhetische Ausdruck einer Musik an=
mutig genannt werden, sanft, heftig, kraftvoll,
zierlich, frisch: lauter Ideen, welche in Tonver=
bindungen eine entsprechende sinnliche Erscheinung
finden. Wir können diese Eigenschaftswörter da=
her unmittelbar von musikalischen Bildungen
gebrauchen, ohne an die ethische Bedeutung zu
denken, welche sie für das menschliche Seelenleben
haben, und die eine geläufige Ideenverbindung so
schnell zur Musik heranbringt, ja mit den rein
musikalischen Eigenschaften unter der Hand zu
verwechseln pflegt.

Die Ideen, welche der Komponist darstellt,
sind vor allem und zuerst rein musikalische.
Seiner Phantasie erscheint eine bestimmte schöne
Melodie. Sie soll nichts anderes sein als sie
selbst. Wie aber jede konkrete Erscheinung auf
ihren höheren Gattungsbegriff, auf die sie zunächst
erfüllende Idee hinweist, und so fort immer höher
und höher bis zur absoluten Idee, so geschieht
es auch mit den musikalischen Ideen. So wird
z. B. dieses sanfte, harmonisch ausklingende
Adagio die Idee des Sanften, Harmonischen über=
haupt zur schönen Erscheinung bringen. Die

allgemeine Phantasie, welche gern die Ideen der
Kunst in Bezug zum eigenen, menschlichen Seelen=
leben setzt, wird dies Ausklingen noch höher, z. B.
als den Ausdruck milder Resignation eines in sich
versöhnten Gemütes auffassen, und kann vielleicht
sofort bis zur Ahnung eines ewigen jenseitigen
Friedens aufsteigen.

Auch die Poesie und bildende Kunst stellen
vorerst ein Konkretes dar. Erst mittelbar kann
das Bild eines Blumenmädchens auf die allge=
meinere Idee mädchenhafter Zufriedenheit und
Anspruchslosigkeit, ein beschneiter Kirchhof auf die
Idee der irdischen Vergänglichkeit hinweisen. Ge=
rade so, nur mit ungleich unsicherer und will=
kürlicher Deutung, kann der Hörer in diesem
Musikstück die Idee jugendlichen Genügens, in
jenem die Idee der Vergänglichkeit heraushören;
allein ebensowenig als in den genannten Bildern
sind diese abstrakten I d e e n der Inhalt des musi=
kalischen Werkes: von einer Darstellung des „G e =
f ü h l s der Vergänglichkeit", des „G e f ü h l s der
jugendlichen Genügsamkeit" kann nun vollends
keine Rede sein.

Es giebt Ideen, welche durch die Tonkunst

vollkommen repräsentiert werden und trotzdem nicht
als G e f ü h l vorkommen, sowie umgekehrt G e f ü h l e
von solcher Mischung das Gemüt bewegen können,
daß sie in keiner durch Musik darstellbaren I b e e
ihre entsprechende Bezeichnung finden.

Was kann also die Musik von den Gefühlen
darstellen, wenn nicht deren Inhalt?

Nur die D y n a m i s c h e derselben. Sie vermag
die Bewegung eines physischen Vorganges nach den
Momenten: schnell, langsam, stark, schwach, steigend,
fallend nachzubilden. Bewegung ist aber nur eine
Eigenschaft, ein Moment des Gefühls, nicht dieses
selbst. Gemeiniglich glaubt man, das darstellende
Vermögen der Musik genügend zu begrenzen, wenn
man behauptet, sie könne keineswegs den G e g e n =
s t a n d eines Gefühls bezeichnen, wohl aber das
Gefühl selbst, z. B. nicht das Objekt einer be=
stimmten Liebe, wohl aber „Liebe". Sie kann dies
in Wahrheit ebensowenig. Nicht Liebe, sondern
nur eine Bewegung kann sie schildern, welche bei
der Liebe oder auch einem andern Affekt vorkommen
kann, immer jedoch das Unwesentliche seines Cha=
rakters ist. „Liebe" ist ein abstrakter Begriff, so
gut wie „Tugend" und „Unsterblichkeit". Die

Verſicherung der Theoretiker, Muſik habe keine
abſtrakten Begriffe darzuſtellen, iſt überflüſſig; denn
keine Kunſt kann dies. Daß nur Ideen, d. i.
lebendig gewordene Begriffe Inhalt künſtleriſcher
Verkörperung ſind, verſteht ſich von ſelbſt.*) Aber
auch die Ideen der Liebe, des Zornes, der Furcht
können Inſtrumentalwerke nicht zur Erſcheinung
bringen, weil zwiſchen jenen Ideen und ſchönen
Tonverbindungen kein nothwendiger Zuſammenhang
beſteht. Welches Moment dieſer Ideen iſt's denn
alſo, deſſen die Muſik ſich in der That ſo wirk=
ſam zu bemächtigen weiß? Es iſt die Bewegung
(natürlich in dem weiteren Sinne, der auch das
Anſchwellen und Abſchwächen des einzelnen Tones
oder Akkordes als „Bewegung" auffaßt). Sie bildet
das Element, welches die Tonkunſt mit den Ge=
fühlszuſtänden gemeinſchaftlich hat, und das ſie
ſchöpferiſch in tauſend Abſtufungen und Gegenſätzen
zu geſtalten vermag.

Der Begriff der Bewegung iſt bisher in den

---

*) Viſcher (Äſth. § 11 Anmerkung) definiert die be=
ſtimmten Ideen als die Reiche des Lebens, ſofern ihre Wirk=
lichkeit als ihrem Begriff entſprechend gedacht wird. Denn
Idee bezeichnet immer den in ſeiner Wirklichkeit rein und
mangellos gegenwärtigen Begriff.

Untersuchungen des Wesens und der Wirkung der Musik auffallend vernachlässigt worden; er dünkt uns der wichtigste und fruchtbarste.

Was uns außerdem in der Musik bestimmte Seelenzustände zu malen scheint, ist s y m b o l i s ch.

Wie die Farben, so besitzen nämlich die Töne schon von Haus aus und in ihrer Vereinzelung symbolische Bedeutung, welche außerhalb und vor aller künstlerischen Absicht wirkt. Jede Farbe atmet eigentümlichen Charakter: sie ist uns keine bloße Ziffer, welche durch den Künstler lediglich eine Stellung erhält, sondern eine Kraft, schon von Natur aus in sympathetischen Zusammenhang mit gewissen Stimmungen gesetzt. Wer kennt nicht die Farbendeutungen, wie sie in ihrer Einfachheit gang und gäbe, oder durch feinere Geister zu poetischem Raffinement gehoben werden? Wir verbinden Grün mit dem Gefühl der Hoffnung, Blau mit der Treue. R o s e n k r a n z erkennt in Rotgelb „anmutige Würde", in Violett „philisterhafte Freundlichkeit" u. s. w. (Psychologie, 2. Aufl. S. 102.)

In ähnlicher Weise sind uns die elementaren Stoffe der Musik: Tonarten, Akkorde und Klang= farben schon an sich C h a r a k t e r e. Wir haben auch

eine nur zu geschäftige Auslegekunst für die Be=
deutung musikalischer Elemente; Schubarts Sym=
bolik der Tonarten bietet in ihrer Art ein Seiten=
stück zu Goethes Deutung der Farben. Es folgen
jedoch diese Elemente (Töne, Farben) in ihrer künst=
lerischen Verwendung ganz anderen Gesetzen, als
jene Wirkung ihrer isolierten Erscheinung. So
wenig auf einem Historienbild jedes Rot uns
Freude, jedes Weiß Unschuld bedeutet, ebensowenig
wird in einer Symphonie alles As-dur uns eine
schwärmerische, alles H-moll eine menschenfeindliche
Stimmung erwecken, oder jeder Dreiklang Befrie=
digung, jeder verminderte Septakkord Verzweiflung.
Auf ästhetischem Boden neutralisieren sich derlei
elementare Selbständigkeiten unter der Gemeinsam-
keit höhere Gesetze. Von einem A u s d r ü c k e n oder
D a r s t e l l e n ist solche Naturbeziehung weit entfernt.
„Symbolisch" nannten wir sie, indem sie den In=
halt keineswegs unmittelbar darstellt, sondern eine
von diesem wesentlich verschiedene Form bleibt.
Wenn wir im Gelben Eifersucht, in G-dur Heiter=
keit, in der Cypresse Trauer sehen, so hat diese
Deutung einen physiologisch=psychologischen Zusam=
menhang mit Bestimmtheiten dieser Gefühle, allein

es hat ihn eben nur unsere Deutung, nicht die Farbe,
der Ton, die Pflanze an und für sich. Man kann
daher weder von einem Akkord an sich sagen, er
stelle ein bestimmtes Gefühl dar, noch weniger
thut er das im Zusammenhang des Kunstwerkes·

Ein anderes Mittel für den angeblichen Zweck,
außer der Analogie der Bewegung und der Sym=
bolik der Töne, hat die Musik nicht.

Läßt sich somit ihr Unvermögen, bestimmte
Gefühle darzustellen, leicht aus der Natur der
Töne ableiten, so scheint es fast unbegreiflich,
daß es auf dem Erfahrungswege nicht noch viel
schneller ins allgemeine Bewußtsein gedrungen ist.
Versuche jemand, dem noch so viele Gefühlssaiten
aus einem Instrumentalstück anklingen, mit klaren
Gründen nachzuweisen, w e l c h e r Affekt den In=
halt desselben bilde. Die Probe ist unerläßlich.
— Hören wir z. B. Beethovens Ouverture zu
„Prometheus". Was das aufmerksame Ohr des
Kunstfreundes in stetiger Folge aus ihr vernimmt,
ist ungefähr Folgendes: Die Töne des ersten Taktes
perlen nach einem Fall in die Unterquarte rasch und
leise aufwärts, wiederholen sich genau im zweiten;
der dritte und vierte Takt führen denselben Gang in

größerem Umfang weiter, die Tropfen des in die
Höhe getriebenen Springbrunnens perlen herab,
um in den nächsten vier Takten dieselbe Figur
und dasselbe Figurenbild auszuführen. Vor dem
geistigen Sinn des Hörers erbaut sich also in der
Melodie die Symmetrie zwischen dem ersten und
dem zweiten Takte, dann dieser beiden Takte zu den
zwei folgenden, endlich der vier ersten Takte als
eines großen Bogens gegen den gleich großen
korrespondierenden der folgenden vier Takte. Der
den Rhythmus markierende Baß bezeichnet den
Anfang der ersten drei Takte mit je einem Schlag,
den vierten mit zwei Schlägen; in gleicher Weise
bei den folgenden vier Takten. Hier ist also der
vierte Takt gegen die drei ersten eine Verschiedenheit, welche durch die Wiederholung in den nächsten
vier Takten symmetrisch wird und das Ohr als
ein Zug der Neuheit im alten Gleichgewicht er-
freut. Die Harmonie in dem Thema zeigt uns
wieder das Korrespondieren eines großen und
zweier kleinen Bogen: dem C-dur-Dreiklang in
den vier ersten Takten entspricht der Sekund-
akkord im fünften und sechsten, dann der Quint-
sextakkord im siebenten und achten Takt. Dies

wechselseitige Korrespondieren zwischen Melodie,
Rhythmus und Harmonie erzeugt ein symmetrisches
und doch abwechslungsvolles Bild, welches durch
die Klangfarben der verschiedenen Instrumente
und den Wechsel der Tonstärke noch reichere
Lichter und Schatten erhält.

Einen weiteren Inhalt als den eben an=
gedeuteten vermögen wir durchaus nicht in dem
Thema zu erkennen, am wenigsten ein Gefühl
zu nennen, welches es darstellte oder im Hörer
erwecken müßte. Solche Zergliederung macht
freilich ein Gerippe aus blühendem Körper, ge=
eignet, alle Schönheit, aber auch alle falsche Deutelei
zu zerstören.

Wie mit diesem ganz zufällig gewählten
Motiv geht es mit jedem andern Instrumental=
thema. Eine große Klasse von Musikfreunden
hält es bloß für ein Charakteristikum der älteren
„klassischen" Musik, den Affekten abhold zu sein,
und giebt von vornherein zu, das niemand in
einer der 48 Fugen und Präludien aus J. S.
Bachs „wohltemperiertem Klavier" ein Gefühl
werde nachweisen können, das den Inhalt der=
selben bilde. So dilettantisch und willkürlich diese
Unterscheidung auch ist, welche in dem Umstand,
daß in der älteren Musik der Selbstzweck noch
unverkennbarer, die Deutbarkeit schwieriger und
weniger verlockend erscheint, ihre Erklärung findet,
— der Beweis wäre dadurch schon hergestellt,
daß die Musik nicht Gefühle erwecken und zum

Gegenstand haben muß. Das ganze Gebiet der
Figuralmusik fiele hinweg. Müssen aber große,
historisch wie ästhetisch begründete Kunstgattungen
ignoriert werden, um einer Theorie Haltbarkeit zu
erschleichen,*) dann ist diese falsch. Ein Schiff
muß untergehen, sobald es auch nur ein Leck hat.
Wem dies nicht genügt, der mag ihr immerhin
den ganzen Boden ausschlagen. Er spiele das
Thema irgend einer Mozartschen oder Haydnschen
Symphonie, eines Beethovenschen Adagios, eines
Mendelssohnschen Scherzos, eines Schumannschen
oder Chopinschen Klavierstückes, den Stamm unse=
rer gehaltvollsten Musik; oder auch die popu=
lärsten Ouverturenmotive von Auber, Donizetti,
Flotow. Wer tritt hinzu und getraut sich, ein
bestimmtes Gefühl als Inhalt dieser Themen auf=
zuzeigen? Der eine wird „Liebe", sagen. Möglich.
Der andere meint „Sehnsucht". Vielleicht. Der
dritte fühlt „Andacht". Niemand kann das wieder=

---

*) Bachianer wie Spitta freilich erstreben dies um=
gekehrt, indem sie, statt zu Gunsten ihres Meisters die Theorie
selbst zu bestreiten, die Fugen und Suiten desselben mit
ebenso beredten und positiven Gefühlsergüssen interpretieren,
wie nur ein subtiler Beethovenianer seines Meisters Sonaten.

legen. Und so fort. Heißt dies nun ein be=
stimmtes Gefühl darstellen, wenn niemand weiß,
was eigentlich dargestellt wird? Über die Schön=
heit und Schönheiten des Musikstückes werden
wahrscheinlich alle übereinstimmend denken, von
dem Inhalt jeder verschieden. Darstellen heißt
aber einen Inhalt klar, anschaulich produzieren,
ihn uns vor Augen „daher stellen". Wie mag
man nun dasjenige als das von einer Kunst
Dargestellte bezeichnen, welches, das ungewisseste
vieldeutigste Element derselben, einem ewigen
Streit unterworfen ist?

Wir haben absichtlich Instrumentalsätze
zu Beispielen gewählt. Denn nur was von der
Instrumentalmusik behauptet werden kann, gilt
von der Tonkunst als solcher. Wenn irgend eine
allgemeine Bestimmtheit der Musik untersucht
wird, etwas so ihr Wesen und ihre Natur kenn=
zeichnen, ihre Grenzen und Richtung feststellen
soll, so kann nur von der Instrumentalmusik die
Rede sein. Was die Instrumentalmusik nicht
kann, von dem darf nie gesagt werden, die Musik
könne es; denn nur sie ist reine, absolute Ton=
kunst. Ob man nun die Vokal= oder die In=

strumentalmusik an Wert und Wirkung vorziehen
wolle, — eine unwissenschaftliche Prozedur, bei
der meist dilettantische Einseitigkeit das Wort
führt, — man wird stets einräumen müssen, daß
der Begriff „Tonkunst" in einem auf Textworte
komponierten Musikstück nicht rein aufgehe. In
einer Vokalkomposition kann die Wirksamkeit der
Töne nie so genau von jener der Worte, der
Handlung, der Dekoration getrennt werden, daß
die Rechnung der verschiedenen Künste sich streng
sondern ließe. Sogar Tonstücke mit bestimmten
Überschriften oder Programmen müssen wir ab-
lehnen, wo es sich um den „Inhalt" der Musik
handelt. Die Vereinigung mit der Dichtkunst
erweitert die Macht der Musik, aber nicht ihre
Grenzen.*)

---

*) Gervinus hat den Rangstreit zwischen der Vokal=
und Instrumentalmusik in seinem „Händel und Shakespeare"
(1868) wieder aufgenommen; aber indem er die „Sang=
kunst" für echte und wahre Musik, die „Spielkunst" für
„ein von allem Innerlichen auf das Äußerliche herabge=
kommenes Kunstwerk", für ein physikalisches Mittel zu
physiologischen Reizen erklärt, beweist er mit allem Auf=
wand seines Scharfsinnes doch nur, daß man ein gelehrter
Händel=Enthusiast und dennoch in wunderlichen Irrtümern
über das Wesen der Musik befangen sein kann. Niemand

Wir haben in der Vokalkompofition ein un=
trennbar verfchmolzenes Produkt vor uns, aus dem

---

hat diefe Irrtümer fchlagender widerlegt, als Ferdinand
Hiller, deffen Kritik des Buches von Gervinus wir nach=
ftehende treffende Stellen entnehmen: „Die Verbindungen
des Wortes mit dem Tone find von der mannigfachften
Art. Von dem einfachften, in Tönen noch halb gefprochenen
Rezitativ bis zu einem Chore von Bach oder einem Opern=
finale von Mozart — welch eine Reihe von Zufammen=
fetzungen! Aber nur im Rezitativifchen, mag es felbftändig
auftreten oder den Gang eines Gefangftückes auch nur durch
einen Ausruf unterbrechen, kann der Text mit der Mufik
in gleicher Kraft den Hörer ergreifen. Sobald die Mufik
in ihrer vollftändigen Wefenheit auftritt, läßt fie das Wort,
das fonft omnipotente Wort, weit hinter fich zurück. Der
Beweis liegt, leider möchte man fagen, allzu nahe. Schön
komponiert, kann das fchlechtefte Gedicht die Freude an der
Kompofition kaum fchmälern, das größte poetifche Meifter=
werk aber kann eine langweilige Mufik nicht einmal ftützen.
Welch geringes Intereffe erregt der Text eines Oratoriums
bei der Lektüre; man begreift es kaum, daß er dem genialen
Tondichter den Stoff geben konnte zu einer ftundenlangen,
Ohr, Herz und Seele erfüllende Mufik. Ja, mehr noch,
es ift in dem meiften Fällen dem Hörer gar nicht möglich,
Worte und Melodie gleichzeitig zu erfaffen. Die konven=
tionellen Klänge, aus welchen fich ein Satz in der Sprache
zufammenfetzt, müffen ziemlich rafch miteinander verbunden
werden, damit fie, vom Gedächtniffe zufammengehalten, im
Geifte zum Verftändniffe gelangen. Die Mufik aber erfaßt
den Hörer mit dem erften Tone und führt ihn mit fich fort,
ohne ihm die Zeit, ja nur die Möglichkeit zu laffen, auf das

es nicht mehr möglich ist, die Größe der einzelnen
Faktoren zu bestimmen. Wenn es sich um die
Wirkung der Dichtkunst handelt, so wird es
niemand einfallen, die Oper als Beleg hervor=
zuheben; es braucht größerer Verleugnung, aber
nur derselben Einsicht, um bei den Grund=
bestimmungen musikalischer Ästhetik ein Gleiches
zu thun.

Die Vokalmusik illuminiert die Zeichnung des
Gedichtes.*) Wir haben in den musikalischen Ele=

Gehörte zurückzukommen. . . . Mögen wir," fährt Hiller weiter
fort, „dem naivsten Volksliede lauschen, mag uns Händels
Hallelujah, von tausend Stimmen getragen, entgegenklingen,
so wird es im ersteren Falle der Reiz einer kaum entfalteten
Melodieenknospe, im letzteren die Kraft und Pracht der ver=
einigten Elemente der ganzen Tonwelt sein, was uns reizt
oder begeistert. Daß dort vom Feinsliebchen, hier vom
Himmelreich die Rede, trägt zu jener ersteren, unmittelbaren
Wirkung nichts bei; diese ist rein musikalischer Natur und
würde nicht ausbleiben, auch wenn man die Worte weder
verstände, noch verstehen könnte." (Aus dem Tonleben
unserer Zeit. Neue Folge. Leipzig 1871. S. 40 ff.)

*) Diesen bekannten bildlichen Ausdruck können wir
hier als zutreffend gebrauchen, wo es sich noch, abgesehen
von jeder ästhetischen Forderung, bloß um das abstrakte
Verhalten der Musik zu Textworten überhaupt und damit
um die Entscheidung handelt, von welchem dieser beiden
Faktoren die selbständige, maßgebende Bestimmung des

menten Farben von größter Pracht und Zartheit erkannt, von symbolischer Bedeutsamkeit obendrein. Sie werden vielleicht ein mittelmäßiges Gedicht zur

---

Inhaltes (Gegenstandes) ausgehe. Sobald es sich aber nicht mehr um das Was, sondern um das Wie der musikalischen Leistungen handelt, hört der Satz freilich auf, passend zu sein. Nur im logischen (wir hätten beinahe gesagt im „juristischen") Sinn ist der Text Hauptsache, die Musik Accessorium, die ästhetische Anforderung an den Komponisten geht viel höher, sie verlangt selbständige (zugleich natürlich textentsprechende) musikalische Schönheit. Fragt es sich also nicht mehr abstrakt, was die Musik, indem sie Textworte behandelt, thut, sondern wie sie es im wirklichen Falle thun soll, so darf man ihre Abhängigkeit vom Gedicht nicht in gleich enge Schranken bannen, wie sie der Zeichner dem Koloristen zieht. Seit Gluck in der großen, notwendigen Reaktion gegen die melodischen Übergriffe der Italiener nicht auf, sondern hinter die rechte Mitte zurückschritt (genau wie in unsern Tagen Richard Wagner), wird der in der Dedikation zur „Alceste" ausgesprochene Satz, es sei der Text die „richtige und wohlangelegte Zeichnung", welche die Musik lediglich zu kolorieren habe, unablässig nachgebetet. Wenn die Musik nicht in viel großartigerem, als bloß kolorierendem Sinne das Gedicht behandelt, wenn sie nicht — selbst Zeichnung und Farbe zugleich — etwas ganz Neues hinzubringt, das in ureigener Schönheitskraft blättertreibend die Worte zum bloßen Epheuspalier umschafft: dann hat sie höchstens die Staffel der Schülerübung oder Dilettantenfreude erklommen, die reine Höhe der Kunst nimmermehr.

innigsten Offenbarung des Herzens umwandeln. Trotzdem sind es die Töne nicht, welche in einem Gesangstücke darstellen, sondern der Text. Die Zeichnung, nicht das Kolorit bestimmt den dar= gestellten Gegenstand. Wir appelieren an das Abstraktionsvermögen des Hörers, das sich irgend eine dramatisch wirksame Melodie abgelöst von aller dichterischen Bestimmung rein musikalisch vorstellen wolle. Man wird z. B. in einer sehr wirksamen drammatischen Melodie, welche Zorn auszudrücken hat, an und für sich keinen weiteren psychischen Ausdruck finden, als den einer raschen, leidenschaftlichen Bewegung. Worte einer leiden= schaftlich bewegten Liebe, also das gerade Gegen= teil, werden vielleicht gleich richtig durch dieselbe Melodie interpretiert sein.

Als die Arie des Orpheus:

„J'ai perdu mon Euridice,
Rien n'égale mon malheur"

Tausende (und darunter Männer wie J. J. Rousseau) zu Thränen rührte, bemerkte ein Zeitgenosse Glucks, Boyé, daß man dieser Melodie ebenso gut, ja weit richtiger die entgegengesetzten Worte unter= legen könnte:

„J'ai trouvé mon Euridice,
Rien n'égale mon bonheur."

Wir ſetzen den Anfang der Arie, der Kürze
wegen mit Klavierbegleitung, doch genau nach der
italieniſchen Originalpartitur her:

ben, do-ve an-dró senz' il mio ben.

Wir sind zwar durchaus nicht der Meinung, daß in diesem Falle der Komponist ganz freizu=sprechen sei, indem die Musik für den Ausdruck schmerzlichster Traurigkeit gewiß weit bestimmtere Töne besitzt. Allein wir wählen aus Hunderten gerade dies Beispiel, einmal weil es den Meister trifft, dem die größte Genauigkeit im dramatischen Ausdruck zugeschrieben wird, sodann weil mehrere Generationen an dieser Melodie das Gefühl höchsten Schmerzes bewunderten, welche die mit ihr verbundenen Worte aussprechen.

Allein auch weit bestimmtere und ausdrucks=vollere Gesangsstellen werden, losgelöst von ihrem Text, und höchstens raten lassen, welches Gefühl sie ausdrücken. Sie gleichen Silhouetten, deren Original wir meistens erst erkennen, wenn man uns gesagt hat, wer das sei.

Was hier an einzelnem gezeigt wurde, erweist sich ebenso an Werken von größerem und größtem Umfang. Man hat ganzen Gesangstücken oft andere Texte untergelegt. Wenn man in Wien Meyerbeers „Hugenotten" mit Veränderung des Schauplatzes, der Zeit, der Personen, der Begebenheit und der Worte als „Ghibellinen in Pisa" aufführt, so stört ohne Zweifel die ungeschickte Mache einer solchen Umarbeitung, allein der rein musikalische Ausdruck wird nicht im mindesten beleidigt. Und doch soll das religiöse Gefühl, der Glaubens=fanatismus geradezu die Springfeder der „Huge=notten" bilden, welche in den „Ghibellinen" ganz entfällt. Der Choral Luthers darf hier nicht eingewendet werden; er ist ein Citat. Als Musik paßt er zu jeder Konfession. — Hat der Leser nie das fugierte Allegro aus der Ouverture zur „Zauberflöte" als Vokalquartett sich zankender Handelsjuden gehört? Mozarts Musik, an der nicht eine Note geändert ist, paßt zum Entsetzen gut auf den niedrigkomischen Text, und man kann sich in der Oper nicht herzlicher an dem Ernst der Komposition erfreuen, als man hier über die Komik derselben lachen muß. Derlei Belege für

das weite Gewissen jedes musikalischen Motivs
und jedes menschlichen Affektes ließen sich zahl=
los vorbringen. Die Stimmung religiöser An=
dacht gilt mit Recht für eine der musikalisch am
wenigsten vergreifbaren. Nun giebt es unzählige
deutsche Dorf= oder Marktkirchen, wo zur heiligen
Wandlung das „Alphorn" von Proch oder die
Schlußarie aus der „Sonnambula" (mit dem
koketten Decimensprung „in meine Arme") oder
ähnliches auf der Orgel vorgetragen wird. Jeder
Deutsche, der nach Italien kommt, hört mit Staunen
in den Kirchen die bekanntesten Opernmelodieen
von Rossini, Bellini, Donizetti und Verdi. Diese
und noch weltlichere Stücke, wenn sie nur halb=
wegs sanften Charakters klingen, sind weit ent=
fernt, die Gemeinde in ihrer Andacht zu stören,
im Gegenteil pflegt alles aufs äußerste erbaut zu
sein. Wäre die Musik an sich im stande, reli=
giöse Andacht als Inhalt darzustellen, so würde
solch ein quid pro quo ebenso unmöglich sein,
als daß der Prediger statt seiner Exhorte eine
Tiecksche Novelle oder einen Parlamentsakt von
der Kanzel recitierte. Unsere größten Meister
geistlicher Tonkunst bieten Beispiele in Fülle für

unsern Satz. Namentlich Händel verfuhr hierin
mit großartiger Ungeniertheit. Winterfeld hat
nachgewiesen, daß viele der berühmtesten und ob
ihres frommen Ausdrucks bewundertsten Stücke
im „Messias" aus den weltlichen, meist erotischen
Duetten herübergenommen sind, welche Händel
(1711—1712) für die Kurprinzessin Caroline
von Hannover auf Madrigale von Mauro
Ortensio gesetzt hatte. Die Musik zu dem
zweiten Duett:

> „Nò, di voi non uo' fidarmi,
> Cieco amor, crudel beltà;
> Troppo siete menzognere
> Lusinghiere deità!*)

verwendete Händel unverändert in Tonart und
Melodie für den Chor im ersten Teil des Messias:
„Denn uns ist ein Kind geboren." — Der dritte
Satz desselben Duetts „Sò per prova i vostri
inganni" hat dieselben Motive wie der Chor
im zweiten Teil des Messias „Wie Schafe gehen".
Das Madrigal Nr. 16 (Duett für Sopran und
Alt) ist im wesentlichen ganz übereinstimmend

---

*) „Nein, ich will euch nicht trauen, blinder Amor,
grausame Schönheit, ihr seid zu lügenhafte, schmeichlerische
Gottheiten!"

4*

mit dem Duett im dritten Teil des Messias: „O
Tod, wo ist dein Stachel"; — dort lautet der
Text:

> „Si tu non lasci amore
> Mio cor, ti pentirai,
> Lo so ben io!"

Von den zahlreichen anderen Beispielen bei
Seb. Bach sei nur an sämtliche madrigalische
Stücke des „Weihnachts-Oratoriums" erinnert, die
bekanntlich aus ganz verschiedenen weltlichen Ge=
legenheitskantaten arglos herübergenommen sind.
Und Gluck, von dem uns gelehrt wird, er habe
die hohe dramatische Wahrheit seiner Musik nur
dadurch erreicht, daß er jede Note genau der
bestimmten Situation anpaßte, ja seine Melodie
aus dem Tonfall der Verse selbst zog, — Gluck
hat in die „Armida" nicht weniger als fünf Musik=
stücke aus seinen älteren italienischen Opern herüber=
genommen. (Vgl. m. „Moderne Oper" S. 16.)
Man sieht, daß die Vokalmusik, deren Theorie
niemals das Wesen der Tonkunst bestimmen kann,
auch praktisch nicht im stande ist, die aus dem
Begriff der Instrumentalmusik gewonnenen Grund=
sätze Lügen zu strafen.

Der von uns bekämpfte Satz ist übrigens so

in Fleisch und Blut der gangbaren ästhetisch=
musikalischen Anschauung eingedrungen, daß auch
alle seine Descendenten und Seitenverwandten sich
gleicher Unantastbarkeit erfreuen. Dazu gehört
die Theorie von der Nachahmung sichtbarer oder
unmusikalisch hörbarer Gegenstände durch die Ton=
kunst. Mit besonderer Wohlweisheit wird uns bei
der Frage von der „Tonmalerei" immer wieder
versichert, die Musik könne keineswegs die außer
ihrem Bereich liegende Erscheinung selbst malen,
sondern nur das Gefühl, welches dadurch in
uns erzeugt wird. Gerade umgekehrt. Die Musik
kann nur die äußere Erscheinung nachzuahmen
trachten, niemals aber das durch sie bewirkte,
spezifische Fühlen. Das Fallen der Schneeflocken,
das Flattern der Vögel, den Aufgang der Sonne
kann ich nur dadurch musikalisch malen, daß ich
analoge, diesen Phänomenen dynamisch verwandte
Gehörseindrücke hervorbringe. In Höhe, Stärke,
Schnelligkeit, Rhythmus der Töne bietet sich dem
Ohr eine Figur, deren Eindruck jene Analogie
mit der bestimmten Gesichtswahrnehmung hat,
welche Sinnesempfindungen verschiedener Gattung
gegeneinander erreichen können. Wie es physio=

logiſch ein „Vicariren" eines Sinnes für den
andern bis zu einer gewiſſen Grenze giebt, ſo
auch äſthetiſch ein gewiſſes Vicarieren eines
Sinneseindruckes für den andern. Da zwiſchen
der Bewegung im Raume und jener in der Zeit,
zwiſchen der Farbe, Feinheit, Größe eines Gegen=
ſtandes und der Höhe, Klangfarbe, Stärke eines
Tones wohlbegründete Analogie herrſcht, ſo kann
man in der That einen Gegenſtand muſikaliſch
malen, das „Gefühl" aber in Tönen ſchildern zu
wollen, das der fallende Schnee, der krähende
Hahn, der zuckende Blitz in uns hervorbringt, iſt
einfach lächerlich.

Obgleich, meines Erinnerns, alle muſikaliſchen
Theoretiker auf dem Grundſatz, die Muſik könnte
beſtimmte Gefühle darſtellen, ſtillſchweigend folgern
und weiter bauen, ſo hinderte doch manche ein
richtiges Gefühl, ihn geradezu anzuerkennen. Der
Mangel begrifflicher Beſtimmtheit in der Muſik
ſtörte ſie und ließ ſie den Satz dahin ändern:
die Tonkunſt habe nicht etwa beſtimmte, wohl
aber „unbeſtimmte Gefühle" zu erwecken und
darzuſtellen. Vernünftiger Weiſe kann man damit
nur meinen, die Muſik ſolle die Bewegung des

Fühlens, abgezogen von dem Inhalt desselben, dem Gefühlten, enthalten; das also, was wir das Dynamische der Affekte genannt und der Musik vollständig eingeräumt haben. Dies Element der Tonkunst ist aber kein „Darstellen unbestimmter Gefühle". Denn „Unbestimmtes" „darstellen" ist ein Widerspruch. Seelenbewegungen als Bewegungen an sich, ohne Inhalt, sind kein Gegenstand künstlerischer Verkörperung, weil diese ohne die Frage: was bewegt sich oder wird bewegt, nirgend Hand anlegen kann. Das Richtige an dem Satz, nämlich die involvierte Forderung, Musik solle kein bestimmtes Gefühl schildern, ist ein lediglich negatives Moment. Was aber ist das Positive, das Schöpferische im musikalischen Kunstwerk? Ein unbestimmtes Fühlen als solches ist kein Inhalt; soll eine Kunst sich dessen bemächtigen, so kommt alles darauf an, wie es geformt wird. Jede Kunstthätigkeit besteht aber im Individualisieren, in dem Prägen des Bestimmten aus dem Unbestimmten, des Besondern aus dem Allgemeinen. Die Theorie der „unbestimmten Gefühle" verlangt das gerade Gegenteil. Man ist hier noch schlimmer daran, als bei

dem früheren Satz, man soll glauben, daß die
Musik etwas darstelle, und weiß doch niemals
was. Sehr einfach ist von hier der kleine Schritt
zu der Erkenntnis, daß die Musik gar keine,
weder bestimmte noch unbestimmte Gefühle schildert.
Welcher Musiker hätte aber diese durch unvor=
denklichen Besitz ersessene Reichsdomäne seiner Kunst
aufgeben wollen?*)

Unser Resultat ließe vielleicht noch der Mei=
nung Raum, daß die Darstellung bestimmter Ge=
fühle für die Musik zwar ein Ideal sei, das sie
niemals ganz erreichen, dem sie sich aber immer

---

*) Zu welchen Absurditäten das falsche Prinzip führt,
in jedem Musikstück die Darstellung eines bestimmten Ge=
fühles zu finden, und das noch falschere: für jede Gattung
musikalischer Kunstformen ein spezielles Gefühl als not=
wendigen Inhalt zu diktieren, — ersieht man aus den
Werken geistreicher Männer wie Mattheson. Getreu seinem
Grundsatz: „Wir müssen bei jeder Melodie uns eine Ge=
müthsbewegung zum Hauptzweck setzen," lehrt er in seinem
„Vollkommenen Kapellmeister" (S. 230 ff.): „Die Leiden=
schaft, welche in einer Kurrende vorgetragen werden soll,
ist die Hoffnung." „Die Sarabande hat keine andere
Leidenschaft auszudrücken, als die Ehrsucht." „Im
Concerto crosso führt die Wollust das Regiment." Die
Chaconne habe „Ersättigung" auszudrücken, die Ouver=
ture „Edelmut"

mehr nähern könne und solle. Die vielen groß=
sprechenden Redensarten von der Tendenz der
Musik, die Schranken ihrer Unbestimmtheit zu
durchbrechen und konkrete Sprache zu werden, die
beliebten Lobpreisungen solcher Kompositionen, an
welchen man dies Bestreben wahrnimmt, oder
wahrzunehmen vermeint, zeugen von der wirklichen
Verbreitung solcher Ansicht.

Allein noch entschiedener, als wir die Möglichkeit
musikalischer Gefühlsdarstellung bekämpften, haben
wir die Meinung abzuwehren, als könne diese jemals
das ästhetische Prinzip der Tonkunst abgeben.

Das Schöne in der Musik würde mit der
Genauigkeit der Gefühlsdarstellung auch dann nicht
kongruieren, wenn diese möglich wäre. Nehmen
wir diese Möglichkeit für einen Moment an, um
uns praktisch zu überzeugen.

Offenbar können wir diese Fiktion nicht an
der Instrumentalmusik versuchen, welche die
Nachweisung bestimmter Affekte von selbst verwehrt,
sondern nur an der Vokalmusik, der das Betonen
vorgezeichneter Seelenzustände zukommt.*)

---

*) In Kritiken von Vokalmusik hat der Verfasser (und
andere seinen Grundsätzen beistimmende Kritiker) der Kürze

Hier bestimmen die dem Komponisten vor=
liegenden Worte das zu schildernde Objekt; die
Musik hat die Macht es zu beleben, zu kommen=
tieren, ihm in mehr oder weniger hohem Grade
den Ausdruck individueller Innerlichkeit zu ver=
leihen. Sie thut dies durch möglichste Charak=
teristik der Bewegung und durch Verwertung der
den Tönen innewohnenden Symbolik. Faßt sie
als Hauptgesichtspunkt den Text ins Auge, und
nicht die eigene ausgeprägte Schönheit, so kann
sie es zu hoher Individualisierung, ja zu dem
Scheine bringen, sie allein stelle wirklich das Ge=
fühl dar, welches in den Worten bereits un=
verrückbar, wenngleich steigerungsfähig vorlag.
Diese Tendenz erreicht in der Wirkung etwas
ähnliches mit dem vorgeblichen „Darstellen
eines Affektes als Inhalt des bestimmten Musik=
stücks". Gesetzt den Fall, jene wirkliche und diese
angebliche Kraft der Tonkunst wären kongruent,

und Bequemlichkeit halber häufig die Worte „Ausdrücken",
„Schildern", „Darstellen" von den Tönen u. dgl. arglos
gebraucht, und man darf sie wohl gebrauchen, wenn man
sich ihrer Uneigentlichkeit streng bewußt bleibt, d. h. ihrer
Beschränktheit auf symbolischen und dynamischen Ausdruck.

die Gefühlsdarstellung möglich und Inhalt der
Musik, so würden wir folgerichtig solche Komposi=
tionen die vollkommensten nennen, welche die Auf=
gabe am bestimmtesten lösen. Allein wer kennt
nicht Tonwerke von höchster Schönheit ohne solchen
Inhalt? (wir erinnern an Bachs Fugen und
Präludien). Umgekehrt giebt es Vokalkomposi=
tionen, welche ein bestimmtes Gefühl aufs ge=
naueste, innerhalb der eben erklärten Grenzen
abzukonterfeien suchen, und welchen die Wahrheit
dieses Schilderns über jedes andere Prinzip geht.
Bei näherer Betrachtung gelangen wir zu dem
Ergebnis, daß das rücksichtslose Anschmiegen solcher
musikalischen Schilderung meist in umgekehrtem
Verhältnis steht zu ihrer selbständigen Schönheit,
daß also die deklamatorisch=dramatische Ge=
nauigkeit und die musikalische Vollendung
nur die Hälfte Weges miteinander fortschreiten,
dann aber sich trennen.

Am deutlichsten zeigt dies das Rezitativ,
als diejenige Form, welche am unmittelbarsten
und bis auf den Accent des einzelnen Wortes sich
dem deklamatorischen Ausdruck anschmiegt, nicht
mehr anstrebend, als einen getreuen Abguß be=

ftimmter, meift rafdj wechfelnder Gemüthszuftände. Dies müßte, als wahre Verkörperung jener Lehre, die höchfte, vollkommenfte Mufik fein; in der That aber finkt diefe im Rezitativ ganz zur Dienerin herab und verliert ihre felbftändige Bedeutung. Ein Beweis, daß der Ausdruck beftimmter Seelen= vorgänge mit der Aufgabe der Mufik nicht kon= gruiert, fondern in letzter Konfequenz derfelben hemmend entgegenfteht. Man fpiele ein längeres Rezitativ mit Hinweglaffung der Worte, und frage dann nach feinem mufikalifchen Wert und Be= deuten. Diefe Probe aber muß j e d e M u f i k aushalten, welcher a l l e i n wir die hervorgebrachte Wirkung zufchreiben follen.

Keineswegs auf das Rezitativ befchränkt, können wir vielmehr an den höchften und erfüll= teften Kunftformen diefelbe Beftätigung finden, wie die m u f i k a l i f ch e S ch ö n h e i t ftets geneigt fei, dem f p e z i e l l A u s z u d r ü ck e n d e n zu weichen, weil jene ein felbftändiges Entfalten, diefes ein dienendes Verleugnen erheifcht.

Steigen wir empor vom deklamatorifchen Prinzip im Rezitativ zum dramatifchen in der Oper. Die Mufikftücke in M o z a r t s Opern

stehen im vollen Einklang mit ihrem Text. Hört
man selbst die kompliziertesten, die Finales, ohne
Text, so werden Mittelglieder etwa unklar bleiben,
die Hauptpartien und deren Ganzes aber an sich
schöne Musik sein. Das gleichmäßige Genügen
an die musikalischen und die dramatischen Anfor=
derungen gilt bekanntlich darum mit Recht für
das Ideal der Oper. Daß jedoch das Wesen der=
selben eben dadurch ein steter Kampf ist zwischen
dem Prinzip der dramatischen Genauigkeit und
dem der musikalischen Schönheit, ein unaufhörliches
Konzedieren des einen an das andere, dies ist
meines Wissens nie erschöpfend entwickelt worden.
Nicht die Unwahrheit, das sämtliche handelnde
Personen singen, macht das Prinzip der Oper
schwankend und schwierig — solche Illusionen geht
die Phantasie mit großer Leichtigkeit ein — die
unfreie Stellung aber, welche Musik und Text
zu einem fortwährenden Überschreiten oder Nach=
geben zwingt, macht, daß die Oper wie ein kon=
stitutioneller Staat auf einem steten Kampfe zweier
berechtigter Gewalten beruht. Dieser Kampf, in
dem der Künstler bald das eine, bald das andere
Prinzip muß siegen lassen, ist der Punkt, aus

welchem alle Unzulänglichkeiten der Oper ent=
springen, und alle Kunstregeln auszugehen haben,
welche eben für die Oper Entscheidendes sagen
wollen. In ihre Konsequenzen verfolgt, müssen das
musikalische und das dramatische Prinzip einander
notwendig durchschneiden. Nur sind die beiden
Linien lang genug, um den menschlichen Auge eine
beträchtliche Strecke hindurch parallel zu scheinen.

Ähnliches gilt vom Tanze, wie wir in
jedem Ballet beobachten können. Je mehr er die
schöne Rhythmik seiner Formen verläßt, um mit
Gestikulation und Mimik sprechend zu werden,
bestimmte Gedanken und Gefühle auszudrücken,
desto mehr nähert er sich der formlosen Bedeut=
samkeit der bloßen Pantomime. Die Steigerung
des dramatischen Prinzips im Tanze wird im
selben Maß eine Verletzung seiner plastisch=rhyth=
mischen Schönheit. Ganz wie ein gesprochenes
Drama oder ein reines Instrumentalwerk vermag
eine Oper nie dazustehen. Darum wird das
Augenmerk des echten Opernkomponisten wenig=
stens ein stetes Verbinden und Vermitteln sein,
niemals ein prinzipiell verhältnismäßiges Vor=
herrschen des einen oder des andern Moments.

Im Zweifel wird er sich aber für die Bevorzugung
der musikalischen Forderung entscheiden, denn
die Oper ist vorerst Musik, nicht Drama. Man
kann dies leicht an der eigenen, sehr verschiedenen
Intention ermessen, mit der man ein Drama be=
sucht, oder aber eine Oper derselben Handlung.
Die Vernachlässigung des musikalischen Teils wird
uns immer weit empfindlicher treffen.*)

---

*) Ungemein charakteristisch ist, was Mozart über die
Stellung der Musik zur Poesie in der Oper sagt.
Ganz im Gegensatz zu Gluck, der die Musik der Poesie
untergeordnet wissen will, meint Mozart, daß die Poesie
der Musik gehorsame Tochter sein solle. Er weißt in der
Oper der Musik, wo sie zum Ausdruck der Stimmung ver=
wandt wird, entschieden die Herrschaft zu. Er beruft sich
auf das Faktum, daß gute Musik die elendesten Texte ver=
gessen lasse, — ein Fall, wo das Umgekehrte stattfand,
dürfte kaum anzuführen sein —; es folgt aber auch un=
widersprechlich aus dem Wesen und der Natur der Musik.
Schon dadurch, daß sie unmittelbar und mächtiger als jede
andere Kunst, die Sinne ergreift und ganz in Anspruch
nimmt, macht sie den Eindruck, welchen die poetische Dar=
stellung durch die Sprache hervorbringen kann, für den
Augenblick zurücktreten; sie wirkt ferner durch den Sinn
des Gehörs in einer, wie es scheint, noch nicht aufgeklärten
Weise unmittelbar auf die Phantasie und das Gefühl mit
einer erregenden Kraft ein, welche ebenfalls die der Poesie
momentan überflügelt (O. Jahn „Mozart", III. 91).

Die größte kunstgeschichtliche Bedeutung des berühmten Streites zwischen den Gluckisten und den Piccinisten liegt für uns darin, daß dabei der innere Konflikt der Oper durch den Wider= streit ihrer beiden Faktoren, des musikalischen und des dramatischen, zum erstenmal ausführlich zur Sprache kam. Freilich geschah dies ohne ein wissenschaftliches Bewußtsein von der uner= meßlichen prinzipiellen Bedeutung des Entscheides. Wer sich die lohnende Mühe nicht gereuen läßt, auf die Quellen jenes Musikstreites selbst zurück= zugehen,*) wird wahrnehmen, wie darin auf der reichen Skala zwischen Grobheit und Schmeichelei die ganze witzige Fechtergewandheit französischer Polemik herrscht, zugleich aber eine solche Un= mündigkeit in der Auffassung des prinzipiellen Teiles, ein solcher Mangel an tieferem Wissen, daß für die musikalische Ästhetik ein Resultat aus diesen langjährigen Debatten nicht zu Tage steht. — Die bevorzugtesten Köpfe: Suard und

---

*) Die wichtigsten dieser Streitschriften finden sich in der Sammlung: „Mémoires pour servir à l'histoire de la Révolution opérée dans la musique par Mr. le chevalier Gluck.“ Naples et Paris 1781.

Abbé Arnaud auf Glucks Seite, Marmontel und La Harpe wider ihn, gingen zwar wieder=holt über die Kritik Glucks hinaus zu einer Beleuchtung des dramatischen Prinzips in der Oper und seines Verhältnisses zum musikalischen; allein sie behandelten dieses Verhältnis wie eine Eigenschaft der Oper unter vielen, nicht aber als das innerste Lebensprinzip derselben. Sie hatten keine Ahnung, daß von der Entscheidung dieses Verhältnisses die ganze Existenz der Oper abhänge. Merkwürdig ist, wie ganz nahe insbesondere Glucks Gegner einigemal dem Punkte sind, von dem aus der Irrtum des dramatischen Prinzips vollkommen erschaut und besiegt werden mag. So sagt de la Harpe im Journal de Politique et de Littérature vom 5. Oktober 1777: „On objecte, qu'il n'est pas naturel, de chanter un air de cette nature dans une situation passionée, que c'est un moyen d'arrêter la scène et de nuir à l'effet. Je trouve ces objections absolument illusoires. D'abord dès qu'on admet le chant, il faut l'admettre le plus beau possible, et il n'est pas plus naturel de chanter mal, que de chanter bien. Tous les

arts sont fondées sur des conventions, sur des
données. Quand je viens à l'opéra, c'est pour
entendre la musique. Je n'ignore pas, qu'Alceste ne faisait ses Adieux à Admète en
chantant un air; mais comme Alceste est sur
le théâtre pour chanter, si je retrouve sa
douleur et son amour dans un air bien
melodieux, je jouirai de son chant en m'in-
téressant à son infortune." Sollte man glauben,
daß La Harpe selbst nicht erkannte, wie prächtig
er da auf festem Boden stand? Denn bald
darauf läßt er sich beikommen, das Duo zwischen
Agamemnon und Achilles in der „Iphigenia"
aus dem Grunde zu bekämpfen, „weil es sich
durchaus nicht mit der Würde dieser beiden
Helden vertrage, daß sie zu gleicher Zeit redeten."
Damit hatte er jenen festen Boden, das Prinzip
der musikalischen Schönheit, verlassen und verraten, das Prinzip des Gegners stillschweigend,
unbewußt anerkennend.

Je konsequenter man das dramatische Prinzip in der Oper rein halten will, ihr die Lebens-
luft der musikalischen Schönheit entziehend, desto
siecher schwindet sie dahin, wie ein Vogel unter

der Luftpumpe. Man muß notwendig bis zum
rein gesprochenen Drama zurückkommen, womit
man wenigstens den Beweis hat, daß die Oper
wirklich unmöglich ist, wenn man nicht dem
musikalischen Prinzip (mit vollem Bewußtsein
seiner realitätfeindlichen Natur) die Oberherrschaft
in der Oper einräumt. In der wirklichen künst=
lerischen Ausübung ist diese Wahrheit auch nie=
mals geleugnet worden, und selbst der strengste
Dramatiker, Gluck, stellt zwar die falsche Theorie
auf, die Opernmusik habe nichts anderes zu sein
als eine gesteigerte Deklamation — in der Aus=
übung bricht aber die musikalische Natur des
Mannes oft genug durch, und stets zum großen
Vorteil seines Werkes. Dasselbe gilt von Richard
Wagner. Für unseren Zusammenhang ist nur
scharf hervorzuheben, daß der Hauptgrundsatz Wag=
ners, wie er ihn im ersten Band von „Oper und
Drama" ausspricht: „Der Irrtum der Oper als
Kunstgenre besteht darin, daß ein Mittel (die Musik)
zum Zweck, der Zweck (das Drama) aber zum
Mittel gemacht wird," — auf falschem Boden
steht. Denn eine Oper, in der die Musik immer
und wirklich nur als Mittel zum dramatischen

Ausdruck gebracht wird, ist ein musikalisches Un=
bing.*)

---

*) Ich kann mir nicht versagen, hier einige treffende
Aussprüche von Grillparzer und M. Hauptmann zu citieren:
„Unsinnig" nennt es Grillparzer, „die Musik bei der Oper
zur bloßen Sklavin der Poesie zu machen," und fährt weiter
fort: „wäre die Musik in der Oper nur da, um das
noch einmal auszudrücken, was der Dichter schon
ausgedrückt hat, dann laßt mir die Töne weg... Wer
deine Kraft kennt, Melodie! die du, ohne der Worterklärung
eines Begriffes zu bedürfen, unmittelbar aus dem Himmel,
durch die Brust wieder zum Himmel zurückziehst, wer deine
Kraft kennt, wird die Musik nicht zur Nachtreterin der Poesie
machen: er mag der letzteren den Vorrang geben (und ich
glaube, sie verdient ihn auch), wie ihn das Mannesalter ver=
dient vor der Kindheit), aber er wird auch der ersteren ihr
eigenes, unabhängiges Reich zugestehen, beide wie Geschwister
betrachten, und nicht wie Herrn und Knecht oder auch nur wie
Vormund und Mündel." Als Grundsatz will er festgehalten
wissen: „Keine Oper soll vom Gesichtspunkte der Poesie be=
trachtet werden — von diesem aus ist jede dramatisch mu=
sikalische Komposition Unsinn —, sondern vom Gesichtspunkte
der Musik."
Eine andere Stelle bei Grillparzer lautet: „Es wird
keinem Opernkompositeur leichter sein, genau auf die Worte
des Textes zu setzen, als dem, der seine Musik mechanisch
zusammensetzt; da hingegen der, dessen Musik ein organisches
Leben, eine in sich selbst gegründete Notwendigkeit hat, leicht
mit den Worten in Kollision kommt. Jedes eigentlich melo=
dische Thema hat nämlich sein inneres Gesetz der Bildung
und Entwicklung, das dem eigentlich musikalischen Genie

Eine Konsequenz des Wagnerschen Satzes
(von Mittel und Zweck) wäre u. a. auch, daß alle
Komponisten schweres Unrecht gethan haben, wenn

---

heilig und unantastbar ist, und daß er den Worten zu
Gefallen nicht aufgeben kann. Der musikalische Prosaist kann
überall anfangen und überall aufhören, weil Stücke und
Teile sich leicht versetzen und anders ordnen lassen; wer
aber Sinn für ein Ganzes hat, kann es nur entweder ganz
geben oder ganz bleiben lassen. Das soll nicht der Vernach=
lässigung des Textes das Wort reden, sondern sie nur in
einzelnen Fällen entschuldigen, ja rechtfertigen. Daher ist
Rossinis kindisches Getändel doch mehr wert, als Mosels
prosaische Verstandesnachäffung, welche das Wesen der Musik
zerreißt, um den hohlen Worten des Dichters nachzustottern;
daher kam man Mozarten häufig Verstöße gegen den
Text vorwerfen, Glucken nie; daher ist das so gepriesene
Charakteristische der Musik häufig ein sehr negatives Verdienst,
das sich meistens darauf beschränkt, daß die Freude durch
Nicht=Traurigkeit, der Schmerz durch Nicht=Lustigkeit, die
Milde durch Nicht=Härte, der Zorn durch Nicht=Milde, die
Liebe durch Flöten und die Verzweiflung durch Trompeten
und Pauken mit Kontrabässen ausgedrückt wird. Der
Situation muß der Tonsetzer treu bleiben, den Worten
nicht; wenn er bessere in seiner Musik findet, so mag er
immer die des Textes übergehen." Klingt nicht vieles in
diesen, vor Dezennien geschriebenen Aphorismen wie eine
Polemik gegen Wagners Theorien und den Walkürenstil?
Einen tiefen Blick in die Natur des Publikums wirft Grill=
parzer mit dem Ausspruch: „Die von einer Oper eine rein
dramatische Wirkung fordern, sind gewöhnlich jene, die

sie zu mittelmäßigen Texten und Situationen mehr
als mittelmäßige Musik zu machen suchten, und
wir ebenso schweres Unrecht begehen, jene Musik
zu lieben.

Die Verbindung der Poesie mit der Musik
und der Oper ist eine Ehe zur linken Hand.
Je näher wir diese morganatische Ehe betrachten,
welche die musikalische Schönheit mit dem ihr bestimmt
vorgeschriebenen Inhalt eingeht, desto trügerischer
dünkt uns ihre Unauflöslichkeit.

Wie kommt es, daß wir in jedem Gesang=
stück manche kleine Änderung vornehmen können,

---

dagegen auch von einem dramatischen Gedicht eine
musikalische Wirkung begehren, d. i. Wirkung mit blinder
Gewalt." IX, 144 ff.

Ähnlich M. Hauptmann an O. Jahn: „Mir war's
(beim Hören Gluck'scher Opern) so oft wie Absicht des Kom=
ponisten wahr zu sein, aber nicht musikwahr nur wort=
wahr, und dadurch wird's nicht selten musikunwahr; das
Wort schließt kurz ab, die Musik will ausklingen. Die Musik
bleibt doch immer der Vokal, zu dem das Wort nur der
Konsonant ist, und den Accent wird hier wie sonst immer
nur der Vokal haben können, das Lautende, nicht das Mit=
lautende. Man hört doch immer die Musik, wenn sie
noch so wortgetreu ist, auch für sich; so muß sie
also auch für sich zu hören sein." (Briefe an Spohr ꝛc.
ed. F. Hiller. Leipzig 1867. S. 106.)

welche die Richtigkeit des Gefühlsausdrucks nicht
im mindesten schwächend, doch die Schönheit des
Motivs sogleich vernichtet? Das wäre unmög=
lich, wenn die letztere in der ersten läge. Wie
kommt es, daß manches Gesangstück, welches seinen
Text tadellos ausdrückt, uns unleiblich schlecht
erscheint? Vom Standpunkt des Gefühlsprinzips
kann man ihm nicht beikommen. Was bleibt also
das Prinzip des Schönen in der Tonkunst, nach=
dem wir die Gefühle, als dafür unzureichend ab=
gelehnt?

Ein ganz anderes selbständiges Element, das
wir sogleich näher betrachten wollen.

III.

Das Muſikaliſch-Schöne.

Wir ſind bisher negativ zu Werke gegangen und haben lediglich die irrige Vorausſetzung ab=zuwehren geſucht, daß das Schöne der Muſik in dem Darſtellen von Gefühlen beſtehen könne.

Nun haben wir den poſitiven Gehalt zu jenem Umriß hinzuzubringen, indem wir die Frage beantworten, welcher Natur das Schöne der Ton=dichtung ſei.

Es iſt ein ſpezifiſch Muſikaliſches. Darunter verſtehen wir ein Schönes, das unab=hängig und unbedürftig eines von außen her kommenden Inhalts, einzig in den Tönen und ihrer künſtleriſchen Verbindung liegt. Die ſinn=vollen Beziehungen in ſich reizvoller Klänge, ihr Zuſammenſtimmen und Widerſtreben, ihr Fliehen

und sich Erreichen, ihr Aufschwingen und Er=
sterben, — dies ist, was in freien Formen vor
unser geistiges Anschauen tritt und als schön gefällt.

Das Urelement der Musik ist Wohllaut,
ihr Wesen Rhythmus. Rhythmus im großen,
als die Übereinstimmung eines symmetrischen Baues,
und Rhythmus im kleinen, als die wechselnd=
gesetzmäßige Bewegung einzelner Glieder im Zeit=
maß. Das Material, aus dem der Tondichter
schafft, und dessen Reichtum nicht verschwenderisch
genug gedacht werden kann, sind die gesammten
Töne, mit der in ihnen ruhenden Möglichkeit zu
verschiedener Melodie, Harmonie und Rhythmisie=
rung. Unausgeschöpft und unerschöpflich waltet
vor allem die Melodie, als Grundgestalt musi=
kalischer Schönheit; mit tausendfachem Verwandeln,
Umkehren, Verstärken bietet die Harmonie immer
neue Grundlagen; beide vereint bewegt der Rhyth=
mus, die Pulsader musikalischen Lebens, und
färbt der Reiz mannigfaltiger Klangfarben.

Fragt es sich nun, was mit diesem Ton=
material ausgedrückt werden soll, so lautet die
Antwort: Musikalische Ideen. Eine voll=
ständig zur Erscheinung gebrachte musikalische Idee

aber ist bereits selbständiges Schöne, ist Selbst=
zweck und keineswegs erst wieder Mittel oder
Material der Darstellung von Gefühlen und Ge=
danken.

Der Inhalt der Musik sind tönend be=
wegte Formen.

In welcher Weise uns die Musik schöne
Formen ohne den Inhalt eines bestimmten Affektes
bringen kann, zeigt uns entfernt bereits ein
Zweig der Ornamentik in der bildenden Kunst:
die Arabeske. Wir erblicken geschwungene Linien,
hier sanft sich neigend, dort kühn emporstrebend,
sich findend und loslassend, in kleinen und großen
Bogen korrespondierend, scheinbar inkommensurabel,
doch immer wohlgegliedert, überall ein Gegen=
oder Seitenstück begrüßend, eine Sammlung kleiner
Einzelheiten und doch ein Ganzes. Denken wir
uns nun eine Arabeske nicht tot und ruhend,
sondern in fortwährender Selbstbildung vor unsern
Augen entstehend. Wie die starken und feinen
Linien einander verfolgen, aus kleiner Biegung
zu prächtiger Höhe sich heben, dann wieder senken,
sich erweitern, zusammenziehen und in sinnigem
Wechsel von Ruhe und Anspannung das Auge

stets neu überraschen! Da wird das Bild schon
höher und würdiger. Denken wir uns vollends
diese lebendige Arabeske als thätige Ausströmung
eines künstlerischen Geistes, der die ganze Fülle
seiner Phantasie unabläſſig in die Adern, dieſer Be=
wegung ergießt, — wird dieser Eindruck dem musi=
kalischen nicht einigermaßen nahekommend sein?

Jeder von uns hat als Kind sich wohl an
dem wechselnden Farben= und Formenspiel eines
Kaleidoskops ergößt. Ein solches Kaleidoskop
jedoch auf unmeßbar höherer idealer Erscheinungs=
stufe ist Musik. Sie bringt in stets sich ent=
wickelnder Abwechselung schöne Formen und Farben,
sanft übergehend, scharf kontrastierend, immer zu=
sammenhängend und doch immer neu, in sich ab=
geschlossen und von sich selbst erfüllt. Der Haupt=
unterschied ist, daß solch unserm Ohr vorgeführtes
Tonkaleidoskop sich als unmittelbare Emanation
eines künstlerisch schaffenden Geistes giebt, jenes
sichtbare aber als ein sinnreich=mechanisches Spiel=
zeug. Will man nicht bloß im Gedanken, sondern
in Wirklichkeit die Erhebung der Farbe zur Musik
vollziehen, und die Mittel der einen Kunst in die
Wirkungen der andern einbetten, so gerät man

auf die abgeschmackte Spielerei des „Farben=
klaviers" oder der „Augenorgel", deren Erfindung
jedoch beweist, wie die formelle Seite beider Er=
scheinungen auf gleicher Basis ruht.

Sollte irgend ein gefühlvoller Musikfreund
unsere Kunst durch Analogien wie die obige herab=
gewürdigt finden, so entgegnen wir, es handle sich
bloß darum, ob die Analogien richtig seien oder
nicht. Herabgewürdigt wird nichts dadurch, daß
man es besser kennen lernt. Will man auf die
Eigenschaft der Bewegung, der zeitlichen Entwick=
lung, wodurch das Beispiel vom Kaleidoskop be=
sonders treffend wird, verzichten, so kann man
allerdings für das Musikalisch=Schöne eine höhere
Analogie etwa in der Architektur, dem menschlichen
Körper, oder einer Landschaft finden, die auch
eine primitive Schönheit der Umrisse und Farben
(abgesehen von der Seele, dem geistigen Ausdruck)
haben.

Wenn man die Fülle von Schönheit nicht
zu erkennen verstand, die im rein Musikalischen
lebt, so trägt die Unterschätzung des Sinn=
lichen viel Schuld, welcher wir in älteren Ästhe=
tikern zu Gunsten der Moral und des Gemüts,

in Hegel zu Gunsten der „Idee" begegnen. Jede
Kunst geht vom Sinnlichen aus und webt darin.
Die „Gefühlstheorie" verkennt dies, sie übersieht
das Hören gänzlich und geht unmittelbar ans
Fühlen. Die Musik schaffe für das Herz, meinen
sie, das Ohr sei ein triviales Ding.

Ja, was sie eben Ohr nennen — für
das „Labyrinth" oder „Trommelfell" dichtet kein
Beethoven. Aber die Phantasie, die auf Gehörs-
empfindungen organisiert ist und welcher der Sinn
etwas ganz anderes bedeutet, als ein bloßer
Trichter an die Oberfläche der Erscheinungen, sie
genießt in bewußter Sinnlichkeit die klingenden
Figuren, die sich aufbauenden Töne und lebt
frei und unmittelbar in deren Anschauung.

Es ist von außerordentlicher Schwierigkeit,
dies selbständige Schöne in der Tonkunst, dies
spezifisch Musikalische zu schildern. Da die Musik
kein Vorbild in der Natur besitzt und keinen
begrifflichen Inhalt ausspricht, so läßt sich von
ihr nur mit trocknen technischen Bestimmungen,
oder mit poetischen Fiktionen erzählen. Ihr Reich
ist in der That „nicht von dieser Welt". All
die phantasiereichen, Schilderungen, Charakteristiken,

Umschreibungen eines Tonwerks sind bildlich oder irrig. Was bei jeder andern Kunst noch Beschreibung, ist bei der Tonkunst schon Metapher. Die Musik will nun einmal als Musik aufgefaßt sein, und kann nur aus sich selbst verstanden, in sich selbst genossen werden.

Keineswegs ist das „Spezifisch=Musikalische" als bloß akustische Schönheit oder proportionale Symmetrie zu verstehen, — Zweige, die es als untergeordnet in sich begreift, — noch weniger kann von einem „ohrenkitzelnden Spiel in Tönen" die Rede sein und ähnlichen Bezeichnungen, womit der Mangel an geistiger Beseelung hervorgehoben zu werden pflegt. Dadurch, daß wir auf musikalische Schönheit dringen, haben wir den geistigen Gehalt nicht ausgeschlossen, sondern ihn vielmehr bedingt. Denn wir anerkennen keine Schönheit ohne jeglichen Anteil von Geist. Indem wir aber das Schöne in der Musik wesentlich in F o r m e n verlegt haben, ist schon angedeutet, daß der geistige Gehalt in engstem Zusammenhange mit diesen Tonformen steht. Der Begriff der „Form" findet in der Musik eine ganz eigentümliche Verwirklichung. Die Formen, welche

sich aus Tönen bilden, sind nicht leer, sondern er=
füllte, nicht bloße Linienbegrenzung eines Vakuums,
sondern sich von innen heraus gestaltender Geist.
Der Arabeske gegenüber ist demnach die Musik
in der That ein Bild, allein ein solches, dessen
Gegenstand wir nicht in Worte fassen und unsern
Begriffen unterordnen können. In der Musik ist
Sinn und Folge, aber musikalische; sie ist eine
Sprache, die wir sprechen und verstehen, jedoch
zu übersetzen nicht im stande sind. Es liegt
eine tiefsinnige Erkenntnis darin, daß man auch
in Tonwerken von „Gedanken" spricht, und wie in
der Rede unterscheidet da das geübte Urteil leicht
echte Gedanken von bloßen Redensarten. Ebenso
erkennen wir das vernünftig Abgeschlossene einer
Tongruppe, indem wir sie einen „Satz" nennen.
Fühlen wir doch so genau wie bei jeder logischen
Periode, wo ihr Sinn zu Ende ist, obgleich die
Wahrheit beider ganz inkommensurabel dasteht.

Das befriedigend Vernünftige, das an und
für sich in musikalischen Formbildungen liegen
kann, beruht in gewissen primitiven Grundgesetzen,
welche die Natur in die Organisation des Menschen
und in die äußeren Lauterscheinungen gelegt hat.

Das Urgesetz der „harmonischen Progression" ist
es vorzugsweise, welches, analog der Kreisform
bei den bildenden Künsten, den Keim der wichtigsten
Weiterbildung und die — leider fast unerklärte —
Erklärung der verschiedenen musikalischen Verhält=
nisse in sich trägt.

Alle musikalischen Elemente stehen unter sich
in geheimen, auf Naturgesetze gegründeten Ver=
bindungen und Wahlverwandtschaften. Diese der
Rhythmus, die Melodie und Harmonie unsichtbar
beherrschenden Wahlverwandtschaften verlangen in
der menschlichen Musik ihre Befolgung und stempeln
jede ihnen widersprechende Verbindung zu Willkür
und Häßlichkeit. Sie leben, wenngleich nicht in
der Form wissenschaftlichen Bewußtseins, instinktiv
in jedem gebildeten Ohr, welches demnach das
Organische, Vernunftgemäße einer Tongruppe, oder
das Widersinnige, Unnatürliche derselben durch bloße
Anschauung empfindet, ohne daß ein logischer Begriff
den Maßstab oder das tertium comparationis
hierzu abgäbe.*)

---

*) „Die Poesie darf das Häßliche (Unschöne) schon
einigermaßen freigebig anwenden. Denn da die Wirkung
der Poesie nur durch das Medium der unmittelbar von

In dieser negativen, inneren Vernünftigkeit, welche dem Tonsystem durch Naturgesetze inne= wohnt, wurzelt dessen weitere Fähigkeit zur Auf= nahme positiven Schönheitsgehalts.

Das Komponieren ist ein Arbeiten des Geistes in geistfähigem Material. So reichhaltig wir dies musikalische Material befunden haben, so elastisch und durchdringbar erweist es sich für die künst= lerische Phantasie. Diese baut nicht wie der Architekt aus rohem, schwerfälligem Gestein, sondern auf der Nachwirkung vorher verklungener Töne. Geistigerer, feinerer Natur als jeder andere Kunst= stoff, nehmen die Töne willig jedwede Idee des Künstlers in sich auf. Da nun die Tonverbin= dungen, in deren Verhältnissen das musikalisch Schöne ruht, nicht durch mechanisches Aneinander=

---

ihr erweckten Begriffe an das Gefühl gelangt, so wird die Vorstellung der Zweckmäßigkeit den Eindruck des Häßlichen (Unschönen) von vornherein in soweit mildern, daß es als Reizmittel und Gegensatz sogar die höchste Wirkung hervor= bringen kann. Der Eindruck der Musik aber wird un= mittelbar vom Sinn empfangen und genossen, die Billigung des Verstandes kommt zu spät, um die Störungen des Mißfälligen wieder auszugleichen. Daher darf Shakespeare bis zum Gräßlichen gehen, Mozarts Grenze war das Schöne." (Grillparzer, IX. 142.)

reihen, sondern durch freies Schaffen der Phantasie
gewonnen werden, so prägt sich die geistige Kraft
und Eigenthümlichkeit dieser bestimmten Phantasie
dem Erzeugnis als Charakter auf. Als Schöpf=
ung eines denkenden und fühlenden Geistes hat
demnach eine musikalische Komposition in hohem
Grade die Fähigkeit, selbst geist= und gefühlvoll
zu sein. Diesen geistigen Gehalt werden wir in
jedem musikalischen Kunstwerk fordern, doch darf
er in kein anderes Moment desselben verlegt werden,
als in die Tonbildungen selbst. Unsere An=
sicht über den Sitz des Geistes und Gefühls einer
Komposition verhält sich zu der gewöhnlichen
Meinung wie die Begriffe Immanenz und Trans=
scendenz. Jede Kunst hat zum Ziel, eine in der
Phantasie des Künstlers lebendig gewordene Idee
zur äußeren Erscheinung zu bringen. Dies Ideelle
in der Musik ist ein tonliches, nicht ein begriff=
liches, welches erst in Töne zu übersetzen wäre.
Nicht der Vorsatz, eine bestimmte Leidenschaft
musikalisch zu schildern, sondern die Erfindung
einer bestimmten Melodie ist der springende Punkt,
aus welchem jedes weitere Schaffen des Kompo=
nisten seinen Ausgang nimmt. Durch jene primitive,

geheimnisvolle Macht, in deren Werkstätte das
Menschenauge nun und nimmermehr dringen wird,
erklingt in dem Geist des Komponisten ein Thema,
ein Motiv. Hinter die Entstehung dieses ersten
Samenkorns können wir nicht zurückgehen, wir
müssen es als einfache Thatsache hinnehmen. Ist
es einmal in die Phantasie des Künstlers gefallen,
so beginnt sein Schaffen, welches, von diesem
Hauptthema ausgehend und sich stets darauf
beziehend, das Ziel verfolgt, es in allen seinen
Beziehungen darzustellen. Das Schöne eines selbst-
ständigen einfachen Themas kündigt sich in dem
ästhetischen Gefühl mit jener Unmittelbarkeit an,
welche keine andere Erklärung duldet, als höchstens
die innere Zweckmäßigkeit der Erscheinung, die
Harmonie ihrer Teile, ohne Beziehung auf ein
außerhalb existierendes Drittes. Es gefällt uns
an sich, wie die Arabeske, die Säule, oder wie
Produkte des Naturschönen, wie Blatt und Blume.

Nichts irriger und häufiger, als die Anschauung, welche „schöne Musik" mit und ohne
geistigen Gehalt unterscheidet. Sie faßt den
Begriff des Schönen in der Musik viel zu eng
und stellt sich die kunstreich zusammengefügte Form

als etwas für sich selbst Bestehendes, die hinein=
gegossene Seele gleichfalls als etwas Selbständiges
vor und teilt nun konsequent die Kompositionen
in gefüllte und leere Champagnerflaschen. Der
musikalische Champagner hat aber das Eigentüm=
liche, er wächst mit der Flasche.

Ein bestimmter musikalischer Gedanke ist ohne
weiteres durch sich geistvoll, der andere gemein;
diese abschließende Kadenz klingt würdig, durch
Veränderung von zwei Noten wird sie platt. Mit
voller Richtigkeit bezeichnen wir ein musikalisches
Thema als großartig, graziös, innig, geistlos,
trivial; — all' diese Ausdrücke bezeichnen aber den
musikalischen Charakter der Stelle. Zur Charak=
terisierung dieses musikalischen Ausdrucks eines
Motivs wählen wir häufig Begriffe aus unserem
Gemütsleben, als „stolz, mißmutig, zärtlich, be=
herzt, sehnend". Wir können die Bezeichnungen
aber auch aus anderen Erscheinungskreisen nehmen,
und eine Musik „duftig, frühlingsfrisch, nebelhaft,
frostig" nennen. Gefühle sind also zur Bezeichnung
musikalischen Charakters nur Phänomene wie
andere, welche Ähnlichkeiten dafür bieten. Derlei
Epitheta mag man im Bewußtsein ihrer Bildlichkeit

brauchen, ja man kann ihrer nicht entraten, nur
hüte man sich zu sagen: diese Musik schildert
Stolz u. s. f.

Die genaue Betrachtung aller musikalischen
Bestimmtheiten eines Themas überzeugt uns aber,
daß es — bei aller Unerforschlichkeit der letzten,
ontologischen Gründe — doch eine Anzahl näher=
liegender Ursachen giebt, mit welchen der geistige
Ausdruck einer Musik in genauem Zusammenhang
steht. Jedes einzelne musikalische Element (d. h.
jedes Intervall, jede Klangfarbe, jeder Akkord,
jeder Rhythmus u. s. f.) hat seine eigentümliche
Physiognomie, seine bestimmte Art zu wirken.
Unerforschlich ist der Künstler, erforschlich das
Kunstwerk.

Dasselbe Thema klingt anders über dem
Dreiklang, als über einem Sextakkord; ein Me=
lodienschritt in die Septime trägt ganz anderen
Charakter als in die Sexte, der Rhythmus, der
ein Motiv begleitet, ob laut oder leise, von dieser
oder jener Klanggattung, ändert dessen spezifische
Färbung: kurz jeder einzelne Faktor einer Stelle
trägt dazu mit Notwendigkeit bei, daß sie gerade
diesen geistigen Ausdruck annimmt, so und nicht

anders auf den Hörer wirkt. Was die Halévy=
sche Musik bizarr, die Aubersche graziös macht,
was die Eigentümlichkeit bewirkt, an der wir so=
gleich Mendelssohn, Spohr erkennen, dies alles
läßt sich auf rein musikalische Bestimmungen
zurückführen, ohne Berufung auf das räthselhafte
Gefühl.

Warum die häufigen Quintsext=Akkorde, die
engen, diatonischen Themen bei Mendelssohn,
die Chromatik und Enharmonik bei Spohr, die
kurzen, zweiteiligen Rhythmen bei Auber u. s. w.
gerade diesen bestimmten, unvermischbaren Eindruck
erzeugen — dies kann freilich weder die Psycho=
logie, noch die Physiologie beantworten.

Wenn man jedoch nach der nächsten bestim=
menden Ursache fragt, — und darauf kommt es
ja in der Kunst vorzüglich an, — so liegt die
leidenschaftliche Einwirkung eines Themas nicht in
dem vermeintlich übermäßigen Schmerz des Kom=
ponisten, sondern in dessen übermäßigen Inter=
vallen, nicht in dem Zittern seiner Seele, sondern
im Tremolo der Pauken, nicht in seiner Sehnsucht,
sondern in der Chromatik. Der Zusammenhang
beider soll keineswegs ignoriert, vielmehr bald

näher betrachtet werden; festzuhalten ist aber, daß
der wissenschaftlichen Untersuchung über die Wir=
kung eines Themas nur jene musikalischen
Faktoren unwandelbar und objektiv vorliegen, nie=
mals die vermutliche Stimmung, welchen den Kom=
ponisten dabei erfüllte. Will man von dieser un=
mittelbar auf die Wirkung des Werkes folgern,
oder diese aus jener erklären, so kann der Schluß=
satz vielleicht richtig ausfallen, aber das wichtigste
Mittelglied der Deduktion, nämlich die Musik
selbst, wurde übersprungen.

Die praktische Kenntnis des Charakters
jedes musikalischen Elements hat der tüchtige Kom=
ponist, sei es in mehr instinktiver oder bewußter
Weise, inne. Zur wissenschaftlichen Erklärung der
verschiedenen musikalischen Wirkungen und Eindrücke
gehört jedoch eine theoretische Kenntnis der ge=
nannten Charaktere, von ihrer reichsten Zusammen=
setzung bis in das letzte unterscheidbare Element.
Der bestimmte Eindruck, mit welchem eine Melodie
Macht über uns gewinnt, ist nicht schlechthin „rät=
selhaftes, geheimnisvolles Wunder", das wir nur
„fühlen und ahnen" dürfen, sondern unausbleibliche
Konsequenz der musikalischen Faktoren, welche in

dieser bestimmten Verbindung wirken. Ein knapper
oder weiter Rhythmus, diatonische oder chromatische
Fortschreitung, — alles hat seine charakteristische
Physiognomie und besondere Art uns anzusprechen;
darum wird es dem gebildeten Musiker eine un=
gleich deutlichere Vorstellung von dem Ausdruck
eines ihm fremden Tonstückes geben, daß z. B. zu
viel verminderte Septakkorde und Tremolo darin
vorherrschen, als die poetischeste Schilderung der
Gefühlskrisen, welche der Referent dabei durch=
gemacht.

Die Erforschung der Natur jedes einzelnen
musikalischen Elementes, seines Zusammenhanges
mit einem bestimmten Eindruck, — nur der That=
sache, nicht des letzten Grundes, — endlich die
Zurückführung dieser speziellen Beobachtungen auf
allgemeine Gesetze: das wäre jene „philosophische
Begründung der Musik", welche so viele Autoren
ersehnen, ohne uns nebenbei mitzuteilen, was sie
darunter eigentlich verstehen. Die psychische und
physische Einwirkung jedes Akkords, jedes Rhyth=
mus, jedes Intervalls wird aber nimmermehr
erklärt, indem man sagt: dieser ist Rot, jener Grün,
oder dieser Hoffnung, jener Mißmut, sondern nur

burch Subsumierung der spezifisch musikalischen
Eigenschaften unter allgemeine ästhetische Kategorien
und dieser unter Ein oberstes Prinzip. Wären
dergestalt die einzelnen Faktoren in ihrer Isolierung
erklärt, so müßte weiter gezeigt werden, wie sie
einander in den verschiedensten Kombinationen bestimmen und modifizieren. Der Harmonie und der
kontrapunktischen Begleitung haben die meisten
Tongelehrten eine vorzügliche Stellung zu dem geistigen Gehalt der Komposition eingeräumt. Nur
ging man in dieser Vindikation viel zu oberfläch-
lich und atomistisch zu Werke. Man bestimmte die
Melodie als Eingebung des Genies, als Trägerin
der Sinnlichkeit und des Gefühls — bei dieser
Gelegenheit erhielten die Italiener ein gnädiges
Lob; im Gegensatz zur Melodie wurde die Harmonie als Trägerin des gediegenen Gehalts auf-
geführt, als erlernbar und Produkt des Nachdenkens.
Es ist seltsam, wie lange man sich mit einer so
dürftigen Anschauungsweise zufrieden stellen konnte.
Beiden Behauptungen liegt ein Richtiges zu Grunde,
doch gelten sie weder in dieser Allgemeinheit, noch
kommen sie in solcher Isolierung vor. Der Geist
ist Eins und die musikalische Erfindung eines

Künstlers gleichfalls. Melodie und Harmonie eines Themas entspringen zugleich in e i n e r Rüstung aus dem Haupt des Tondichters. Weder das Ge= setz der Unterordnung noch des Gegensatzes trifft das W e s e n des Verhältnisses der Harmonie zur Melodie. Beide können hier gleichzeitige Entfal= tungskraft ausüben, dort sich einander freiwillig unterordnen, — in dem einen wie dem andern Fall kann die höchste geistige Schönheit erreicht werden. Ist's etwa die (ganz fehlende) H a r m o n i e in den Hauptmotiven zu Beethovens Coriolan= und Mendelssohns Hebriden-Ouverture, was ihnen den Ausdruck gedankenreichen Tiefsinns verleiht? Wird man R o s s i n i s Thema „O, Mathilde" oder ein neapolitanisches Volkslied mit mehr Geist erfüllen, wenn man einen basso continuo, oder komplizierte Akkordenfolgen an die Stellen des notdürftigen Harmoniegeländes setzt? D i e s e Melodie mußte mit dieser Harmonie zugleich erdacht werden, mit d i e s e m Rhythmus und d i e s e r Klanggattung. Der geistige Gehalt kommt nur dem Verein a l l e r zu, und die Verstümmlung eines Gliedes verletzt den Ausdruck auch der übrigen. Das V o r h e r r = s c h e n der Melodie oder der Harmonie oder des

Rhythmus kommt dem Ganzen zu Gute, und hier
allen Geist in den Akkorden, dort alle Trivialität
in deren Mangel zu finden, ist bare Schulmeisterei.
Die Kamelie kommt duftlos zu Tage, die Lilie
farblos, die Rose prangt für beide Sinne — da
läßt sich nichts übertragen, und ist doch jede von
ihnen schön!

So hätte die „philosophische Begründung der
Musik" vorerst zu erforschen, welche notwendigen
geistigen Bestimmtheiten mit jedem musikalischen
Element verbunden sind, und wie sie miteinander
zusammenhängen. Die doppelte Forderung eines
streng wissenschaftlichen Gerippes und einer höchst
reichhaltigen Kasuistik machen die Aufgabe zu einer
sehr schwierigen, aber kaum unüberwindlichen, es
wäre denn, daß man das Ideal einer „exakten"
Musikwissenschaft, nach dem Muster der Chemie
oder Physiologie, erstrebte!

Die Art, wie der Akt des Schaffens im in=
strumentalen Tondichter vorgeht, giebt uns den
sichersten Einblick in das Eigentümliche des musi=
kalischen Schönheitsprinzips. Eine musikalische
Idee entspringt primitiv in des Tondichters
Phantasie, er spinnt sie weiter, — es schießen

immer mehr und mehr Krystalle an, bis unmerk=
lich die Gestalt des ganzen Gebildes in ihren
Hauptformen vor ihm steht und nur die künst=
lerische Ausführung, prüfend, messend, abändernd,
hinzuzutreten hat. An die Darstellung eines be=
stimmten Inhaltes denkt der instrumentale Ton=
setzer nicht. Thut er es, so stellt er sich auf einen
falschen Standpunkt, mehr neben als in der Musik.
Seine Komposition wird die Übersetzung eines
Programms in Töne, welche dann ohne jenes
Programm unverständlich bleiben. Wir verkennen
weder, noch unterschätzen wir Berlioz' glänzen=
des Talent, wenn wir an dieser Stelle seinen
Namen nennen. Ihm ist Liszt mit seinen weit
schwächeren „symphonischen Dichtungen" nachgefolgt.

Wie aus dem gleichen Marmor der eine
Bildhauer bezaubernde Formen, der andere eckiges
Ungeschick heraushaut, so gestaltet sich die Ton=
leiter unter verschiedenen Händen zur Beethoven=
schen Ouverture, oder zur Verdischen. Was unter=
scheidet die beiden? Etwa, daß die eine höhere
Gefühle, oder dieselben Gefühle richtiger darstellt?
Nein, sondern daß sie schönere Tonformen bildet.
Nur dies macht eine Musik gut oder schlecht, daß

ein Komponist ein geistsprühendes Thema ein-
setzt, der andere ein gemeines, daß der erstere es
nach allen Beziehungen immer neu und bedeutend
entwickelt, der letztere seines womöglich immer
schlechter macht, die Harmonie des einen wechsel=
voll und originell sich entfaltet, während die zweite
vor Armut nicht vom Flecke kommt, der Rhyth=
mus hier ein lebenswarm hüpfender Puls ist, dort
ein Zapfenstreich.

Es giebt keine Kunst, welche so bald und so
viele Formen verbraucht, wie die Musik. Modu=
lationen, Kadenzen, Intervallenfortschreitungen, Har=
monienfolgen nutzen sich in fünfzig, ja dreißig
Jahren dergestalt ab, daß der geistvolle Komponist
sich deren nicht mehr bedienen kann und fort=
während zur Erfindung neuer, rein musikalischer
Züge gedrängt wird. Man kann von einer Menge
Kompositionen, die hoch über dem Alltagstand
ihrer Zeit stehen, ohne Unrichtigkeit sagen, daß
sie einmal schön waren. Die Phantasie des geist=
reichen Künstlers wird aus den geheim=ursprüng=
lichen Beziehungen der musikalischen Elemente und
ihrer unzählbar möglichen Kombinationen die fein=
sten, verborgensten entdecken, sie wird Tonformen

bilden, die aus freiester Willkür erfunden und doch
zugleich durch ein unsichtbar feines Band mit der
Notwendigkeit verknüpft erscheinen. Solche Werke
oder Einzelheiten derselben werden wir ohne Be=
denken „geistreich“ nennen. Hiermit berichtigt sich
leicht Oulibicheffs mißverständliche Ansicht, eine
Instrumentalmusik könne nicht geistreich sein, indem
„für einen Komponisten der Geist einzig und allein
in einer gewissen Anwendung seiner Musik auf
ein direktes oder indirektes Programm bestehe“.
Es wäre unserer Ansicht nach ganz richtig, das
berühmte dis in dem Allegro der „Don Juan“=
Ouverture oder den absteigenden Unisonogang
darin einen geistreichen Zug zu nennen, — nun und
nimmermehr hat aber das erstere (wie Oulibicheff
meint) „die feindliche Stellung Don Juans gegen
das Menschengeschlecht“, und letzterer die Väter,
Gatten, Brüder und Liebhaber der von Don Juan
verführten Frauen vorgestellt. Sind alle diese
Deutungen an sich schon vom Übel, so werden sie
es doppelt bei Mozart, welcher — die musika=
lischste Natur, welche die Kunstgeschichte aufweist
— alles, was er nur berührt hat, in Musik
verwandelte. Oulibicheff sieht auch in der

G-moll-Symphonie die Geschichte einer leidenschaft=
lichen Liebe in vier verschiedenen Phasen genau aus=
gedrückt. Die G-moll-Symphonie ist Musik und
weiter nichts. Das ist jedenfalls genug. Man
suche nicht die Darstellung bestimmter Seelen=
prozesse oder Ereignisse in Tonstücken, sondern
vor allem Musik, und man wird rein genießen,
was sie vollständig giebt. Wo das Musikalisch=
Schöne fehlt, wird das Hineinklügeln einer groß=
artigen Bedeutung es nie ersetzen; und dies ist
unnütz, wo jenes existiert. Auf alle Fälle bringt
es die musikalische Auffassung in eine ganz falsche
Richtung. Dieselben Leute, welche der Musik eine
vorragende Stellung unter den Offenbarungen des
menschlichen Geistes vindizieren wollen, welche sie nicht
hat und nie erlangen wird, weil sie nicht im stande
ist, Überzeugungen mitzuteilen, — dieselben
Leute haben auch den Ausdruck „Intention" in
Schwang gebracht. In der Tonkunst giebt's keine
„Intention", welche die fehlende „Invention" er=
setzen könnte. Was nicht zur Erscheinung kommt, ist
in der Musik gar nicht da, was aber zur Erschei=
nung gekommen ist, hat aufgehört bloße Intention
zu sein. Der Ausspruch: „Er hat Intentionen",

wird meist in lobender Absicht angewandt, — mir
scheint er eher ein Tadel, welcher in trockenes
Deutsch übersetzt etwa lauten würde: der Künstler
möchte wohl, allein er kann nicht. Kunst kommt
aber von Können; wer nichts kann, — hat
„Intentionen".

Wie das Schöne eines Tonstücks lediglich in
dessen musikalischen Bestimmungen wurzelt, so folgen
auch die Gesetze seiner Konstruktion nur diesen.
Es herrschen darüber eine Menge schwankender,
irriger Ansichten, von welchen hier nur eine an=
geführt werden mag.

Dies ist nämlich die aus der Gefühlsan=
schauung hervorgegangene landläufige Theorie der
Sonate und Symphonie. Der Tonsetzer, heißt
es, habe vier voneinander verschiedene Seelen=
zustände, die aber miteinander (wie?) zusammen=
hängen, in den einzelnen Sätzen der Sonate dar=
zustellen. Um den unleugbaren Zusammenhang
der Sätze zu rechtfertigen und ihre verschiedene
Wirkung zu erklären, zwingt man ordentlich den
Zuhörer, ihnen bestimmte Gefühle als Inhalt
unterzulegen. Die Deutung paßt manchmal, öfter
auch nicht, niemals mit Notwendigkeit. Dies aber

wird immer mit Notwendigkeit passen, daß vier
Tonsätze zu einem Ganzen verbunden sind, welche
nach m u s i k a l i s ch = ästhetischen Gesetzen sich abzu=
heben und zu steigern haben.

Wir verdanken dem phantasiereichen Maler
M. v. S ch w i n d eine sehr anziehende Jllustration der
Klavierphantasie op. 80 von B e e t h o v e n, deren ein=
zelne Sätze der Künstler als zusammenhängende Er=
eignisse derselben Hauptpersonen auffaßte und bildlich
darstellte. Gerade so wie der Maler Scenen und
Gestalten aus den Tönen heraussieht, so legt der
Zuhörer Gefühle und Ereignisse hinein. Beides
hat damit einen gewissen Zusammenhang, aber
keinen n o t w e n d i g e n, und nur mit diesem haben
es wissenschaftliche Gesetze zu thun.

Man pflegt oft anzuführen, daß Beethoven
beim Entwurf mancher seiner Kompositionen sich
bestimmte Ereignisse oder Seelenzustände gedacht
haben soll. Wo Beethoven oder irgend ein anderer
Tonsetzer diesen Vorgang beobachtet hat, benützte er
ihn bloß als Hülfsmittel, sich durch den Zusammen=
hang eines objektiven Ereignisses das Festhalten
der musikalischen Einheit zu erleichtern. Wenn
Berlioz, Liszt u. a. m e h r als dies an der

Dichtung, dem Titel oder dem Erlebnis zu haben
glaubten, so ist es eine Selbsttäuschung. Die
Einheit der musikalischen Stimmung ist's, was
die vier Sätze einer Sonate als organisch verbunden
charakterisiert, nicht aber der Zusammenhang mit
dem vom Komponisten gedachten Objekte. Wo
sich dieser solch poetisches Gängelband versagte,
und rein musikalisch erfand, da wird man keine
andere Einheit der Teile finden, als eine musi=
kalische. Es ist ästhetisch gleichgültig, ob sich
Beethoven allenfalls bei seinen sämtlichen Kom=
positionen bestimmte Vorwürfe gewählt; wir kennen
sie nicht, sie sind daher für das Werk nicht existierend.
Dieses selbst, ohne allen Kommentar, ist's, was
vorliegt, und wie der Jurist aus der Welt hinaus=
fingiert, was nicht in den Akten liegt, so ist für
die ästhetische Beurteilung nicht vorhanden, was
außerhalb des Kunstwerks lebt. Erscheinen uns
die Sätze einer Komposition als einheitlich, so muß
diese Zusammengehörigkeit in musikalischen Be=
stimmungen ihren Grund haben.*)

---

*) Diese Zeilen haben Beethoven=Auguren wie Herrn
Lobe u. a. sehr entsetzt. Wir können ihnen nicht besser
antworten als mit folgender, unserer Ansicht vollkommen

Einem möglichen Mißverstehen wollen wir schließlich dadurch begegnen, daß wir unsern Begriff des „Musikalisch-Schönen" nach drei Seiten

---

zustimmenden Ausführung Otto Jahns in seinem Aufsatz über die neue Beethoven Ausgabe von Breitkopf & Härtel („Ges. Aufsätze über Musik"). Jahn knüpft an Schindlers bekannte Mitteilung an, Beethoven habe, um die Bedeutung seiner D-moll- und F-moll-Sonate befragt, geantwortet: „Lesen Sie nur Shakespeares Sturm." Vermutlich, sagt Jahn, wird der Frager von seiner Lektüre die sichere Überzeugung mitbringen, daß Shakespeares Sturm auf ihn anders wirke, als auf Beethoven und keine D-moll- und F-moll-Sonaten in ihm erzeuge. Daß gerade dieses Drama Beethoven zu solchen Schöpfungen anregen konnte, ist freilich nicht ohne Interesse zu erfahren; aus dem Shakespeare das Verständnis derselben herholen wollen, hieße nur die Unfähigkeit der musikalischen Auffassung bezeugen. Bei dem Adagio des F-dur-Quartetts (op. 18 Nr. 1) soll Beethoven die Grabesscene aus Romeo und Julie vorgeschwebt haben; wer nun etwa diese in seinem Shakespeare aufmerksam nachliest und dann beim Anhören des Adagio sich zu vergegenwärtigen sucht, wird der sich den wahren Genuß des Musikstücks erhöhen oder stören? Überschriften und Notizen, auch authentische von Beethoven selbst herrührende, würden das Eindringen in Sinn und Bedeutung des Kunstwerks nicht wesentlich fördern, es ist vielmehr zu fürchten, daß sie ebensowohl Mißverständnisse und Verkehrtheiten hervorrufen würden, wie die, welche Beethoven veröffentlicht hat. Die schöne Sonate in Es-dur (op. 81) trägt bekanntlich die Überschriften „Les adieux, l'abscence. le retour" und

7*

feſtſtellen. Das „Muſikaliſch=Schöne" in dem von uns angenommenen ſpezifiſchen Sinn beſchränkt ſich nicht auf das „Klaſſiſche", noch enthält es eine Bevorzugung desſelben vor dem „Romantiſchen". Es gilt ſowohl in der einen als der andern Richtung, beherrſcht Bach ſo gut wie Beethoven, Mozart ſo gut wie Schumann. Unſere Theſis alſo enthält auch nicht die Andeutung einer Parteinahme. Der

---

wird daher als zuverläſſiges Beiſpiel von Programm=Muſik mit Sicherheit interpretiert. „Das es Momente aus dem Leben eines liebenden Paares ſind," ſagt Marx, der es dahingeſtellt ſein läßt, ob die Liebenden verheiratet ſind, oder nicht, „ſetzt man ſchon voraus, aber die Kompoſition bringt auch den Beweis." „Die Liebenden öffnen ihre Arme, wie Zugvögel ihre Flügel," ſagt Lenz vom Schluß der Sonate. Nun hat Beethoven auf das Original der erſten Abteilung geſchrieben: „Das Lebewohl bei der Abreiſe Sr. Kaiſ. Hoheit des Erzherzogs Rudolf, d. 4. Mai 1809" und auf den Titel der zweiten: „Die Ankunft Sr. Kaiſ. Hoheit des Erzherzogs Rudolf, d. 30. Januar 1810." Wie würde er proteſtiert haben, daß er dem Erzherzoge gegenüber dieſe „in ſchmeichelndem Koſen beſeligter Luſt" flügelſchlagende Sie vorſtellen ſollte! — „Darum können wir zufrieden ſein," ſchließt Jahn, „daß Beethoven (in der Regel) ſolche Worte nicht ausgeſprochen hat, welche nur zu viele zu dem Irrtum verleitet haben würden, wer die Uber= ſchrift verſtehe, der verſtehe auch das Kunſtwerk. Seine Muſik ſagt alles, was er ſagen wollte."

ganze Verlauf der gegenwärtigen Untersuchung
spricht überhaupt kein Sollen aus, sondern be=
trachtet nur ein Sein; kein bestimmtes musika=
lisches Ideal läßt sich daraus als das wahrhaft
Schöne deduzieren, sondern bloß nachweisen, was
in jeder, auch in den entgegengesetztesten Schulen
in gleicher Weise das Schöne ist.

Es ist nicht lange her, seit man angefangen
hat, Kunstwerke im Zusammenhang mit den Ideen
und Ereignissen der Zeit zu betrachten, welche
sie erzeugte. Dieser unleugbare Zusammenhang
besteht wohl auch für die Musik. Eine
Manifestation des menschlichen Geistes, muß sie
wohl auch in Wechselbeziehung zu dessen übrigen
Thätigkeiten stehen: zu den gleichzeitigen Schöpfungen
der dichtenden und bildenden Kunst, den poetischen,
sozialen, wissenschaftlichen Zuständen ihrer Zeit,
endlich den individuellen Erlebnissen und Über=
zeugungen des Autors. Die Betrachtung und
Nachweisung dieses Zusammenhangs an einzelnen
Tonkünstlern und Tonwerken ist demnach wohl be=
rechtigt und dankenswerth. Doch muß man
dabei sich stets in Erinnerung halten, daß ein
solches Parallelisieren künstlerischer Spezialitäten

mit bestimmten historischen Zuständen ein kunst=
geschichtlicher, keineswegs ein rein ästhetischer
Vorgang ist. So notwendig die Verbindung der
Kunstgeschichte mit der Ästhetik von methodolo=
gischem Standpunkt erscheint, so muß doch jede
dieser beiden Wissenschaften ihr eigenstes Wesen
vor einer unfreien Verwechselung mit der andern
rein erhalten. Mag der Historiker, eine künstlerische
Erscheinung im großen und ganzen auffassend, in
Spontini den „Ausdruck des französischen Kaiser=
reichs", in Rossini die „politische Restauration"
erblicken, — der Ästhetiker hat sich lediglich an
die Werke dieser Männer zu halten, zu untersuchen,
was daran schön sei und warum. Die ästhetische
Untersuchung weiß nichts und mag nichts wissen
von den persönlichen Verhältnissen und der ge=
schichtlichen Umgebung des Komponisten; nur was
das Kunstwerk selbst ausspricht, wird sie hören
und glauben. Sie wird demnach in Beethovens
Symphonien, auch ohne Namen und Biographie
des Autors zu kennen, ein Stürmen, Ringen, un=
befriedigtes Sehnen, kraftbewußtes Trotzen heraus=
finden, allein daß der Komponist republikanisch
gesinnt, unverheiratet, taub gewesen, und all die

andern Züge, welche der Kunsthistoriker beleuchtend
hinzuhält, wird jene nimmermehr aus den Werken
lesen und zur Würdigung derselben verwerten
dürfen. Die Verschiedenheit der Weltanschauung
eines B a ch, M o z a r t, H a y d n zu vergleichen, und
den Kontrast ihrer Kompositionen darauf zurück=
zuführen, mag für eine höchst anziehende, ver=
dienstliche Unternehmung gelten, doch sie ist unend=
lich kompliziert und wird Fehlschlüssen um so
ausgesetzter sein, je strenger sie den Kausalnexus
darlegen will. Die Gefahr der Übertreibung
ist bei Annahme dieses Prinzips außerordentlich
groß. Man kann da leicht den losesten Einfluß
der Gleichzeitigkeit als eine innere Notwendigkeit
darstellen und die ewig unübersetzbare Tonsprache
deuten, wie man's eben braucht. Es wird rein
auf die schlagfertige Durchführung desselben Para=
doxons ankommen, daß es im Munde des geist=
reichen Mannes eine Weisheit, in jenem des
schlichten ein Unsinn erscheint.

Auch H e g e l hat in Besprechung der Ton=
kunst oft irregeführt, indem er seinen vorwiegend
k u n st g e s ch i ch t l i ch e n Standpunkt unmerklich mit
dem rein ästhetischen verwechselt und in der Musik

Beſtimmtheiten nachweiſt, die ſie an ſich niemals
hatte. „Einen Zuſammenhang“ hat der Charakter
jedes Tonſtückes mit dem ſeines Autors gewiß,
allein er ſteht für den Äſthetiker nicht zu Tage; —
die Idee des notwendigen Zuſammenhangs a l l e r
Erſcheinungen kann in ihrer konkreten Nachweiſung
bis zur Karikatur übertrieben werden. Es gehört
heutzutage ein wahrer Heroismus dazu, dieſer
pikanten, geiſtreich repräſentierten Richtung ent=
gegenzutreten und auszuſprechen, daß das „hiſtoriſche
Begreifen“ und das „äſthetiſche Beurteilen“ ver=
ſchiedene Dinge ſind.*) Objektiv aber ſteht feſt:
e r ſt e n s, daß die Verſchiedenartigkeit, des Ausdrucks
der verſchiedenen Werke und Schulen auf einer
durchgreifend verſchiedenen Stellung der m u ſ i =
k a l i ſ ch e n Elemente beruhe, und z w e i t e n s, daß,
was an einer Kompoſition, ſei es die ſtrengſte
B a ch ſche Fuge, oder das träumeriſchſte Notturno
von C h o p i n, mit Recht gefällt, m u ſ i k a l i ſ ch
ſchön iſt.

Noch weniger als mit dem Klaſſiſchen kann

---

*) Wenn wir hier die „Muſikaliſchen Charakterköpfe“
von R i e h l nennen, ſo geſchieht dies gleichwohl mit dank=
barer Anerkennung dieſes geiſtreich anregenden Buches.

das „Mufikalisch=Schöne" mit dem Architek=
tonischen zusammenfallen, das jenes als Zweig in
sich faßt. Die ftarre Erhabenheit -übereinander
getürmter Figuration, die kunftreiche Verschlingung
vieler Stimmen, von denen keine frei und selbst=
ständig ift, weil es alle sind, haben ihre un=
vergängliche Berechtigung. Doch sind jene groß=
artig düstern Stimmpyramiden der alten Italiener
und Niederländer ebensosehr nur ein kleiner Bezirk
auf dem Gebiete der musikalischen Schönheit,
als die vielen zierlich ausgearbeiteten Gestalten
in den Suiten und Concerten von Sebaftian
Bach.

Viele Äfthetiker halten den musikalischen Ge=
nuß durch das Wohlgefallen am Regelmäßigen
und Symmetrischen für ausreichend erklärt,
worin doch niemals ein Schönes, vollends ein
Mufikalisch=Schönes bestand. Das abgeschmackteste
Thema kann vollkommen symmetrisch gebaut sein.
„Symmetrie" ift ja nur ein Verhältnisbegriff und
läßt die Frage offen: Was ift es denn, das
hier symmetrisch erscheint? — Die regelmäßige
Anordnung geiftloser, abgenützter Teilchen wird
sich gerade in den allerschlechtesten Kompositionen

nachweisen laſſen. Der muſikaliſche Sinn verlangt
immer neue ſymmetriſche Bildungen.*)

---

*) Ich erlaube mir, zur Erläuterung hier eine Stelle
aus meinem Buch „Die Moderne Oper“ (Vorwort S. VI)
anzuführen:

„Das berühmte Axiom, es könne das „wahrhaft
Schöne“ (— wer iſt Richter über dieſe Eigenſchaft? —)
niemals, auch nach längſtem Zeitverlauf, ſeinen Zauber
einbüßen, iſt für die Muſik wenig mehr, als eine ſchöne
Redensart. Die Tonkunſt macht es wie die Natur, welche
mit jedem Herbſt eine Welt voll Blumen zu Moder werden
läßt, aus dem neue Blüten entſtehen. Alle Tondichtung
iſt Menſchenwerk, Produkt einer beſtimmten Individualität,
Zeit, Kultur und darum ſtets durchzogen von Elementen
ſchnellerer oder langſamerer Sterblichkeit. Unter den großen
Muſikformen iſt wieder die Oper die zuſammengeſetzteſte,
konventionellſte und daher vergänglichſte. Es mag traurig
ſtimmen, daß ſelbſt neuere Opern von edelſter und glänzender
Bildung (Spohr, Spontini) ſchon vom Theater zu ver-
ſchwinden beginnen. Aber die Thatſache iſt unanfechtbar
und der Prozeß nicht aufzuhalten durch das in allen
Perioden ſtereotype Schelten auf den böſen „Zeitgeiſt“.
Die Zeit iſt auch ein Geiſt und ſchafft ihren Körper. Die
Bühne repräſentiert das Forum für die thatſächlichen Be-
dürfniſſe des Publikums, im Gegenſatz zu der Studierſtube
des ſtillen Partiturenleſers. Die Bühne bedeutet das Leben
des Dramas, der Kampf um ihren Beſitz den Kampf um
ſein Daſein. In dieſem Kampf ſiegt gar häufig ein ge-
ringeres Kunſtwerk über ſeine beſſeren Vorfahren, wenn
dasſelbe den Atem der Gegenwart, den Pulsſchlag unſeres

Zuletzt hat für die Musik die Platonische Ansicht Oerstedt an dem Beispiel des Kreises entwickelt, dem er positive Schönheit vindiziert. Sollte er niemals die Entsetzlichkeit einer ganz kreisrunden Komposition an sich erlebt haben?

Vorsichtiger vielleicht als notwendig, sei endlich noch hinzugefügt, daß die musikalische Schönheit mit dem Mathematischen nichts zu thun hat. Die Vorstellung, welche Laien (darunter auch gefühlvolle Schriftsteller) von der Rolle hegen, welche die Mathematik in der musikalischen Komposition spielt, ist eine merkwürdig vage. Nicht

---

Empfindens und Begehrens uns entgegenbringt. Publikum wie Künstler fühlen einen berechtigten Trieb nach Neuem in der Musik, und eine Kritik, welche nur Bewunderung für das Alte hat und nicht auch den Mut der Anerkennung für das Neue, untergräbt die Produktion. Dem schönen Unsterblichkeitsglauben müssen wir entsagen, — hat doch jede Zeit mit demselben getäuschten Vertrauen die Unvergänglichkeit ihrer besten Opern proklamiert. Noch Adam Hiller in Leipzig behauptete, daß wenn jemals die Opern Hasses nicht mehr entzücken sollten, die allgemeine Barbarei hereinbrechen müßte. Noch Schubart, der Musikästhetiker vom Hohenasperg, versicherte von Jomelli, es sei gar nicht denkbar, daß dieser Tondichter jemals in Vergessenheit geraten könne. Und was sind uns heute Hasse und Jomelli?"

zufrieden damit, daß die Schwingungen der Töne,
der Abstand der Intervalle, das Konsonieren und
Dissonieren sich auf mathematische Verhältnisse
zurückführen lassen, sind sie überzeugt, auch das
S ch ö n e einer Tondichtung gründe sich auf Zahlen.
Das Studium der Harmonielehre und des Kontra=
punkts gilt für eine Art Kabbala, welche die
„Berechnung" der Komposition lehre.

Wenn für die Erforschung des physikalischen
Teils der Tonkunst die Mathematik einen unent=
behrlichen Schlüssel liefert, so möge im fertigen
Tonwerk hingegen ihre Bedeutung nicht überschätzt
werden. In einer Tondichtung, sei sie die schönste
oder die schlechteste, ist gar nichts mathematisch
berechnet. Schöpfungen der Phantasie sind keine
Rechenexempel. Alle Monochordexperimente, Klang=
figuren, Intervallproportionen u. dgl. gehören nicht
hierher, der ä st h e t i s ch e Bereich fängt erst an, wo
jene Elementarverhältnisse in ihrer Bedeutung
aufgehört haben. Die Mathematik regelt bloß
den elementaren Stoff zu geistfähiger Behandlung
und spielt verborgen in den einfachsten Verhältnissen,
aber der musikalische Gedanke kommt ohne sie ans
Licht. Wenn O e r st e d t fragt: „Sollte wohl die

Lebenszeit mehrerer Mathematiker hinreichen, alle
Schönheiten einer Mozartschen Symphonie zu
berechnen?"*), so bekenne ich, daß ich das nicht
verstehe. Was soll denn oder kann berechnet
werden? Etwa das Schwingungsverhältnis jedes
Tones zum nächstfolgenden, oder die Längen der
einzelnen Perioden gegeneinander? Was eine
Musik zur Tondichtung macht und sie aus der
Reihe physikalischer Experimente hebt, ist ein Freies,
Geistiges, daher unberechenbar. Am musikalischen
Kunstwerk hat die Mathematik einen ebenso
kleinen oder ebenso großen Anteil, wie an den
Hervorbringungen der übrigen Künste. Denn
Mathematik muß am Ende auch die Hand des
Malers und Bildhauers führen, Mathematik webt
im Gleichmaß der Vers= und Strophenlängen
Mathematik im Bau des Architekten, in den
Figuren des Tänzers. In jeder genauen Kennt=
nis muß die Anwendung der Mathematik, als
Vernunftthätigkeit, eine Stelle finden. Nur eine
wirklich positive, schaffende Kraft muß man ihr
nicht einräumen wollen, wie dies manche Musiker,

---

*) „Geist in der Natur", 3. Band, deutsch von Kanne=
gießer. S. 32.

diese Konservativen der Ästhetik, gern möchten. Es ist mit der Mathematik ähnlich, wie mit der Erzeugung der Gefühle im Zuhörer, — sie findet bei allen Künsten statt, aber großer Lärm darüber ist bloß bei der Musik.

Auch mit der S p r a c h e hat man die Musik häufig zu parallelisieren und die Gesetze der ersteren für die letztere aufzustellen versucht. Die Ver= wandtschaft des G e s a n g e s mit der Sprache lag nahe genug, mochte man sich nun an die Gleich= heit der physiologischen Bedingungen halten oder an den gemeinsamen Charakter als Entäußerung des Innern durch die menschliche Stimme. Die analogen Beziehungen sind zu auffällig, als daß wir hier darauf einzugehen hätten; es sei demnach nur ausdrücklich eingeräumt, daß, wo es sich bei der Musik wirklich bloß um die subjektive Ent= äußerung eines inneren Dranges handelt, in der That die Gesetzlichkeit des s p r e c h e n d e n Menschen teilweise maßgebend für den s i n g e n d e n sein wird. Daß der in Leidenschaft Geratende mit der Stimme steigt, während die Stimme des sich beruhigenden Redners fällt; daß Sätze besonderen Gewichtes langsam, gleichgültige Nebensachen schnell gesprochen

werden: dies und ähnliches wird der Gesangs=
komponist, insbesondere der dramatische, nicht
unbeachtet lassen dürfen. Allein man hat sich mit
diesen begrenzten Analogien nicht begnügt, sondern
die Musik selbst als eine (unbestimmtere oder
feinere) Sprache aufgefaßt und nun ihre Schön=
heitsgesetze aus der Natur der Sprache abstrahieren
wollen. Jede Eigenschaft und Wirkung der Musik
wurde auf Ähnlichkeiten mit der Sprache zurück=
geführt. Wir sind der Ansicht, daß, wo es sich
um das Spezifische einer Kunst handelt, ihre Unter=
schiede von verwandten Gebieten wichtiger sind als
die Ähnlichkeiten. Unbeirrt durch diese oft ver=
lockenden, aber das eigentliche Wesen der Musik gar
nicht treffenden Analogien muß die ästhetische
Untersuchung unablässig zu dem Punkte vordringen,
wo Sprache und Musik sich unversöhnlich scheiden.
Nur aus diesem Punkte werden der Tonkunst wahrhaft fruchtbringende Bestimmungen sprießen können.
Der wesentliche Grundunterschied besteht aber darin,
daß in der Sprache der Ton nur ein Zeichen
d. h. Mittel zum Zweck eines diesem Mittel ganz
fremden Auszudrückenden ist, während in der Musik
der Ton eine Sache ist d. h. als Selbstzweck

auftritt. Die selbständige Schönheit der Ton=
formen hier und die absolute Herrschaft des Ge=
dankens über den Ton als bloßes Ausdrucksmittel
dort, stehen sich so ausschließend gegenüber, daß
eine Vermischung der beiden Prinzipe eine logische
Unmöglichkeit ist.

Der Schwerpunkt des Wesens liegt also ganz
wo anders bei der Sprache und bei der Musik,
und um diesen Schwerpunkt gruppieren sich alle
übrigen Eigentümlichkeiten. Alle spezifisch musi=
kalischen Gesetze werden sich um die selbständige
Bedeutung und Schönheit der Töne drehen, alle
sprachlichen Gesetze um die korrekte Verwendung
des Lautes zum Zweck des Ausdrucks.

Die schädlichsten und verwirrendsten Anschau=
ungen sind aus dem Bestreben hervorgegangen, die
Musik als eine Art Sprache aufzufassen; sie weisen
uns täglich praktische Folgen auf. So mußte es
hauptsächlich Komponisten von schwacher Schöpfer=
kraft geeignet erscheinen, die ihnen unerreichbare
selbständige musikalische Schönheit als ein falsches,
sinnliches Prinzip anzusehen, und die charakteristische
Bedeutsamkeit der Musik dafür auf den Schild zu
heben. Ganz abgesehen von Richard Wagners

Opern, findet man in den kleinsten Instrumental=
fächelchen oft Unterbrechungen des melodischen
Flusses durch abgerissene Kadenzen, rezitativische
Sätze u. dgl., welche, den Hörer befremdend, sich
anstellen, als bedeuteten sie etwas Besonderes,
während sie in der That nichts bedeuten als Un=
schönheit. Von modernen Kompositionen, welche
fortwährend den großen Rhythmus durchbrechen,
um mysteriöse Zusätze oder gehäufte Kontraste vor=
zudrängen, pflegt man zu rühmen, es strebe darin
die Musik ihre engen Grenzen zu durchbrechen und
zur Sprache sich zu erheben. Uns ist ein solches
Lob immer sehr zweideutig erschienen. Die Grenzen
der Musik sind durchaus nicht eng, aber recht genau
fest gesteckt. Die Musik kann sich niemals „zur
Sprache erheben" — herablassen müßte man eigent=
lich vom musikalischen Standpunkt sagen —, indem
die Musik ja offenbar eine gesteigerte Sprache
sein müßte.*)

*) Es darf nicht verschwiegen werden, daß eines der
genialsten, großartigsten Werke aller Zeiten durch seinen
Glanz beitrug zu dieser Lieblingslüge der modernen Musik=
kritik von dem „inneren Drängen der Musik zur Bestimmt=
heit der Wortsprache" und „zur Abwerfung der eurhythmischen
Fesseln". Wir meinen Beethovens „Neunte". Sie ist eine

Das vergessen auch unsere Sänger, welche
in Momenten größten Affekts Worte, ja Sätze
s p r e ch e n d herausstoßen und damit die höchste

---

jener geistigen Wasserscheiden, die weithin sichtbar und unüber=
steiglich sich zwischen die Strömung entgegengesetzter Über=
zeugungen legen.

Die Musiker, welchen die Großartigkeit der „Intention",
die geistige Bedeutung der abstrakten Aufgabe über alles
geht, stellen die neunte Symphonie an die Spitze aller Musik;
während die kleine Schar, welche, an dem überwundenen
Standpunkt der Schönheit festhalteud, für rein ästhetische
Forderungen kämpft, ihrer Bewunderung einige Ein=
schränkungen setzt. Wie zu erraten, handelt es sich vor=
zugsweise um das Finale, da über die hohe Schönheit
der ersten drei Sätze unter aufmerksamen und vor=
bereiteten Hörern kaum ein Streit entstehen wird. Iu
diesem letzten Satz vermochten wir nie mehr als den Riesen=
schatten zu sehen, den ein Riesenkörper wirft. Die Größe
der Idee, das bis zur Verzweiflung vereinsamte Gemüt
zuletzt in der Freude aller zur Versöhnung zu bringen, kann
man vollkommen verstehen und erkennen, und dennoch die
Musik des letzten Satzes (bei all' ihrer genialen Eigentüm=
lichkeit) unschön finden. Das allgemeine Verdammungsurteil,
dem solche Sondermeinung verfällt, kennen wir recht wohl.
Einer der geistvollsten und vielseitigsten Gelehrten Deutsch=
lands, der 1853 in der „A. Allgemeinen Zeitung" den for=
mellen Grundgedanken der neunten Symphonie anzufechten
unternahm, erkannte deshalb die humoristische Notwendigkeit,
sich gleich auf dem Titel für einen „beschränkten Kopf" zu
erklären. Er beleuchtete die ästhetische Ungeheuerlichkeit, welche

Steigerung der Musik gegeben zu haben glauben. Sie übersehen, daß der Übergang vom Singen zum Sprechen stets ein Sinken ist, so wie der

---

das Ausmünden eines mehrsätzigen Instrumentalwerks in einen Chor involviert, und vergleicht Beethoven mit einem Bildhauer, der Beine, Leib, Brust, Arme einer Figur aus farblosem Marmor fertigte, den Kopf aber koloriert. Man sollte glauben, daß jeden feinfühlenden Hörer beim Eintritt der Menschenstimme das gleiche Unbehagen überkommen müsse, „weil hier das Kunstwerk mit Einem Ruck seinen Schwerpunkt verändert und dadurch auch den Hörer umzuwerfen droht". Fast ein Decennium später erlebten wir die Freude, daß der „beschränkte Kopf" sich als David Strauß demaskierte.

Hingegen nennt Dr. Becher, der hier als Re= präsentant einer ganzen Klasse erscheinen möge, in einer 1843 gedruckten Abhandlung über die neunte Sym= phonie den vierten Satz „den mit jeden andern bestehenden Tonwerke an Eigentümlichkeit der Gestaltung wie an Groß= artigkeit der Komposition und kühnstem Aufschwung der einzelnen Gedanken völlig inkommensurabeln Ausfluß von Beethovens Genialität" und versichert, dies Werk stehe ihm „mit Shakespeares König Lear und etwa einem Dutzend anderer Emanationen des Menschengeistes in seiner höchsten poetischen Potenz im Himalayagebirge der Kunst als Dha= walagirispitze selbst seine ebenbürtigen Genossen überragend". Wie fast alle seine Meinungsgenossen giebt Becher eine aus= führliche Schilderung der Bedeutung des „Inhalts" jedes der vier Sätze und ihrer tiefen Symbolik, — der Musik geschieht auch nicht mit Einer Silbe Erwähnung. Das ist höchst charakteristisch für eine ganze Schule musikalischer

höchſte normale Sprechton noch immer tiefer klingt
als ſelbſt die tieferen Geſangstöne desſelben Or=
ganes. Ebenſo ſchlimm als dieſe praktiſchen Folgen,
ja noch ſchlimmer, weil nicht allſogleich durch das
Experiment geſchlagen, ſind die Theorien, welche
der Muſik die Entwickelungs= und Konſtruktions=
geſetze der Sprache aufbringen wollen, wie es in
älterer Zeit zum Teil von Rouſſeau und Rameau,
in neuerer Zeit von den Jüngern R. Wagners
verſucht wird. Es wird dabei das wahrhafte Herz
der Muſik, die in ſich ſelbſt befriedigte Form=
ſchönheit, durchſtoßen und dem Phantom der „Be=
deutung‟ nachgejagt. Eine Äſthetik der Tonkunſt
müßte es daher zu ihren wichtigſten Aufgaben
zählen, die Grundverſchiedenheit zwiſchen dem Weſen
der Muſik und dem der Sprache unerbittlich dar=
zulegen, und in allen Folgerungen das Prinzip
feſtzuhalten, daß, wo es ſich um Spezifiſch=Muſi=
kaliſches handelt, die Analogien mit der Sprache
jede Anwendung verlieren.

Kritik, welche der Frage, ob eine Muſik ſchön ſei, mit der
tiefſinnigen Erörterung auszuweichen liebt, was ſie Großes
bedeute.

IV.

Analyse des subjektiven Eindruckes der Musik.

Erachten wir es auch als Prinzip und erste Aufgabe der musikalischen Ästhetik, daß sie die usurpierte Herrschaft des Gefühls unter die berechtigte der Schönheit stelle — da nicht das Gefühl, sondern die Phantasie, als Thätigkeit des reinen Schauens, das Organ ist, aus welchem und für welches alles Kunstschöne zunächst entsteht — so behaupten doch die affirmativen Äußerungen des Fühlens im praktischen Musikleben eine zu auffallende und wichtige Rolle, um durch bloße Unterordnung abgethan zu werden.

So sehr die ästhetische Betrachtung sich nur an das Kunstwerk selbst zu halten hat, so erweist sich doch in der Wirklichkeit dieses selbständige Kunstwerk

als wirksame Mitte zwischen zwei lebendigen Kräf=
ten: seinem Wo her und seinem Wohin, d. i. dem
Komponisten und dem Hörer. In dem Seelen=
leben dieser beiden kann die künstlerische Thätigkeit
der Phantasie nicht so zu reinem Metall ausge=
schieden sein, wie sie in dem fertigen, unpersönlichen
Kunstwerk vorliegt — vielmehr wirkt sie dort
stets in enger Wechselbeziehung mit Gefühlen und
Empfindungen. Das Fühlen wird somit vor und
nach dem fertigen Kunstwerk, vorerst im Tondichter,
dann im Hörer eine Bedeutung behaupten, der
wir unsere Aufmerksamkeit nicht entziehen dürfen.

Betrachten wir den Komponisten. Ihn wird
während des Schaffens eine gehobene Stimmung
erfüllen, wie sie zur Befreiung des Schönen aus
dem Schacht der Phantasie kaum entbehrlich gedacht
werden kann. Daß diese gehobene Stimmung,
nach der Individualität des Künstlers, mehr oder
minder die Färbung des werdenden Kunstwerkes
annehmen, daß sie bald hoch, bald mäßiger fluten
wird, nie aber bis zum überwältigenden Affekte,
der das künstlerische Hervorbringen vereitelt, daß
die klare Besinnung hierbei wenigstens gleiche
Wichtigkeit behauptet mit der Begeisterung, —

das sind bekannte, der allgemeinen Kunstlehre an=
gehörige Bestimmungen. Was speziell das Schaffen
des T o n s e tz e r s betrifft, so muß festgehalten werden,
daß es ein stetes B i l d e n ist, ein Formen in
Tonverhältnissen. Nirgend erscheint die Souverä=
nität des Gefühls, welche man so gern der Musik
andichtet, schlimmer angebracht, als wenn man sie
im Komponisten während des Schaffens voraussetzt
und dieses als ein begeistertes Extemporieren auf=
faßt. Die schrittweis vorgehende Arbeit, durch welche
ein Musikstück, das dem Tondichter anfangs nur in
Umrissen vorschwebte, bis in die einzelnen Takte
zur bestimmten Gestalt ausgemeißelt wird, allen=
falls gleich in der empfindlichen vielgestaltigen Form
des Orchesters, ist so besonnen und kompliziert,
daß sie kaum verstehen kann, wer nicht selbst einmal
Hand daran gelegt. Nicht bloß etwa fugierte oder
kontrapunktische Sätze, in welchen wir abmessend
Note gegen Note halten, auch das fließendste
Rondo, die melodiöseste Arie erfordert, wie es
unsere Sprache bedeutsam nennt, ein „Ausarbeiten“
ins kleinste. Die Thätigkeit des Komponisten ist
eine in ihrer Art p l a st i s ch e und jener des bildenden
Künstlers vergleichbar. Ebensowenig als dieser darf

der Tondichter seinem Stoff unfrei verwachsen sein, denn gleich ihm hat er ja sein (musikalisches) Ideal objektiv hinzustellen, zur reinen Form zu gestalten.

Das dürfte von Rosenkranz vielleicht über= sehen worden sein, wenn er den Widerspruch be= merkt, aber ungelöst läßt, warum die Frauen, welche doch von Natur vorzugsweise auf das Gefühl angewiesen sind, in der Komposition nichts leisten?*) Der Grund liegt — außer den allgemeinen Be= dingungen, welche Frauen von geistigen Hervor= bringungen ferner halten — eben in dem plastischen Moment des Komponierens, das eine Entäuße= rung der Subjektivität nicht minder, wenngleich in verschiedener Richtung erheischt, als die bildenden Künste. Wenn die Stärke und Lebendigkeit des Fühlens wirklich maßgebend für das Tondichten wäre, so würde der gänzliche Mangel an Kom= ponistinnen neben so zahlreichen Schriftstellerinnen und Malerinnen schwer zu erklären sein. Nicht das Gefühl komponiert, sondern die speziell musi= kalische, künstlerisch geschulte Begabung. Ergötzlich klingt es daher, wenn F. L. Schubart die „meister=

---

*) Rosenkranz, Psychologie. 2. Aufl. S. 60.

haften Anbantes" des Komponisten S t a n i ß ganz
ernsthaft als eine natürliche „Folge seines gefühl=
vollen Herzens" hinstellt,*) oder Christian R o l l e
uns versichert, „ein leutseliger, zärtlicher Charakter
mache uns geschickt, langsame Säße zu Meister=
stücken zu bilden".**)

Ohne innere Wärme ist nichts Großes noch
Schönes im Leben vollbracht worden. Das Ge=
fühl wird beim Tondichter, wie bei jedem Poeten,
sich reich entwickelt vorfinden, nur ist es nicht der
schaffende Faktor in ihm. Selbst wenn ein starkes,
bestimmtes Pathos ihn gänzlich erfüllt, so wird
dasselbe Anlaß und Weihe manches Kunstwerks
werden, allein — wie wir aus der Natur der Ton=
kunst wissen, welche einen bestimmten Affekt darzu=
stellen weder die Fähigkeit noch den Beruf hat —
niemals dessen Gegenstand.

Ein inneres S i n g e n, nicht ein bloßes inneres
Fühlen treibt den musikalisch Talentierten zur
Erfindung eines Tonstücks.

---

*) S c h u b a r t, „Ideen zu einer Ästhetik der Tonkunst".
1806.
**) „Neue Wahrnehmungen zur Aufnahme der Musik."
Berlin 1784. S. 102.

Wir haben die Thätigkeit des Komponierens als ein Bilden aufgefaßt; als solches ist sie durch= aus objektiv. Der Tonsetzer formt ein selbst= ständiges Schöne. Der unendlich ausdrucksfähige, geistige Stoff der Töne läßt es zu, daß die Sub= jektivität des in ihnen Bildenden sich in der Art seines Formens auspräge. Da schon den einzelnen musikalischen Elementen ein charakteristischer Aus= druck eignet, so werden vorherrschende Charakter= züge des Komponisten: Sentimentalität, Energie, Heiterkeit u. s. w. sich durch die konsequente Be= vorzugung gewisser Tonarten, Rhythmen, Über= gänge recht wohl nach den allgemeinen Momenten ausdrücken, welche die Musik wiederzugeben fähig ist. Einmal vom Kunstwerk aufgesogen, interessieren aber diese Charakterzüge nunmehr als musikalische Bestimmtheiten, als Charakter der Komposition, nicht des Komponisten.*) Was der gefühlvolle

---

*) Welche Vorsicht bei Rückschlüssen von den Kompo= sitionen auf den menschlichen Charakter des Komponisten notwendig ist, und wie groß dabei die Gefahr, daß die Phantasie die nüchterne Untersuchung zum Nachteil der Wahrheit beeinflußt, das hat neuerdings u. a. die Beethoven= Biographie von A. B. Marx gezeigt, deren musikalisch voreingenommene Panegyrik einer sorgfältigen Untersuchung·

und was der geistreiche Komponist bringt, der
graziöse oder der erhabene, ist zuerst und vor allem
Musik, objektives Gebilde. Ihre Werke werden
sich voneinander durch unverkennbare Eigentümlich=
keiten unterscheiden und als Gesamtbild die Indivi=
dualität ihrer Schöpfer abspiegeln; doch wurden
sie alle, die einen wie die andern, als selbständiges
Schöne rein musikalisch um ihretwillen erschaffen.

Nicht das thatsächliche Gefühl des Kompo=
nisten, als eine bloß subjektive Affektion, ist es,
was die gleiche Stimmung in den Hörern wach=
ruft. Räumt man der Musik solch eine zwingende
Macht ein, so anerkennt man dadurch deren Ur=
sache als etwas Objektives in ihr, denn nur dieses
zwingt in allem Schönen. Dies Objektive sind
hier die musikalischen Bestimmtheiten eines Ton=
stücks. Streng ästhetisch können wir von irgend
einem Thema sagen, es klinge stolz oder trübe,
nicht aber, es sei ein Ausdruck der stolzen oder
der trüben Gefühle des Komponisten. Noch ferner
liegen dem Charakter eines Tonwerkes als solchem

---

der Thatsachen überhoben zu sein glaubte und daher durch
Thayers genaue Quellenforschungen in vielen Punkten dra=
stisch berichtigt worden ist.

die sozialen und politischen Verhältnisse, welche
seine Zeit beherrschen. Jener musikalische Aus=
druck des Themas ist notwendige Folge seiner so
und nicht anders gewählten Tonfaktoren; daß diese
Wahl aus psychologischen oder kulturgeschichtlichen
Ursachen hervorging, müßte an dem bestimmten
Werke (nicht bloß aus Jahreszahl und Geburtsort)
nachgewiesen werden, und nachgewiesen wäre dieser
Zusammenhang, wie interessant auch immer, zu=
nächst eine lediglich historische oder biographische
Thatsache. Die ästhetische Betrachtung kann sich
auf keine Umstände stützen, die außerhalb des
Kunstwerks selbst liegen.

So gewiß die Individualität des Komponisten
in seinen Schöpfungen einen symbolischen Ausdruck
finden wird, so irrig wäre es, aus diesem persön=
lichen Moment Begriffe ableiten zu wollen, die ihre
wahrhafte Begründung nur in der Objektivität des
künstlerischen Bildens finden. Dahin gehört der
Begriff des Stils.*)

---

*) Irrig ist deshalb Forkels Ableitung der ver=
schiedenen musikalischen Schreibarten aus „den Verschieden=
heiten zu denken", wonach der Stil jedes Komponisten darin
seinen Grund hat, daß der schwärmerische, der aufgeblasene,

Wir möchten den Stil in der Tonkunst von
Seite seiner musikalischen Bestimmtheiten auf=
gefaßt wissen, als die vollendete Technik, wie sie
im Ausdruck des schöpferischen Gedankens als
Gewöhnung erscheint. Der Meister bewährt „Stil",
indem er, die klar erfaßte Idee verwirklichend, alles
Kleinliche, Unpassende, Triviale wegläßt und so in
jeder technischen Einzelheit die künstlerische Haltung
des Ganzen übereinstimmend wahrt. Mit Vischer
(Ästhetik § 527) würden wir das Wort „Stil"
auch in der Musik absolut gebrauchen und, absehend
von den historischen oder individuellen Einteilungen,
sagen: dieser Komponist hat Stil, in dem Sinne
wie man von jemand sagt: er hat Charakter.

Die architektonische Seite des Musikalisch=
Schönen tritt bei der Stilfrage recht deutlich in
den Vordergrund. Eine höhere Gesetzlichkeit, als
die der bloßen Proportion, wird der Stil eines
Tonstücks durch einen einzigen Takt verletzt, der,
an sich untadelhaft, nicht zum Ausdruck des Ganzen

---

der kalte, kindische und pedantische Mann in den Zusammen=
hang seiner Gedanken Schwulst und unerträgliche Emphasis
bringt, oder frostig und affektiert ist". (Theorie der Musik.
1777. S. 23.)

stimmt. Genau so wie eine unpassende Arabeske im Bauwerk, nennen wir stillos eine Kadenz oder Modulation, welche als Inkonsequenz aus der einheitlichen Durchführung des Grundgedankens abspringt. Natürlich ist diese Einheit im weiteren, höheren Sinne zu nehmen, wonach sie unter Um= ständen den Kontrast, die Episode und manche Freiheiten in sich begreift.

In der Komposition eines Musikstückes findet daher eine Entäußerung des eigenen persön= lichen Affektes nur insoweit statt, als es die Grenzen einer vorherrschend objektiven, formenden Thätigkeit zulassen.

Der Akt, in welchem die unmittelbare Aus= strömung eines Gefühls in Tönen vor sich gehen kann, ist nicht sowohl die Erfindung eines Tonwerkes, als vielmehr die Reproduktion, die Aufführung, desselben. Daß für den philosophischen Begriff das komponierte Tonstück, ohne Rücksicht auf dessen Aufführung, das fertige Kunstwerk ist, darf uns nicht hindern, die Spaltung der Musik in Kom= position und Reproduktion, eine der folgenreichsten Spezialitäten unserer Kunst, überall zu beachten, wo sie zur Erklärung eines Phänomens beiträgt.

In der Untersuchung des subjektiven Eindrucks
der Musik macht sie sich ganz vorzugsweise geltend.
Dem Spieler ist es gegönnt, sich von dem Ge=
fühl, das ihn eben beherrscht, unmittelbar durch sein
Instrument zu befreien und in seinen Vortrag das
wilde Stürmen, das sehnliche Glühen, die heitere
Kraft und Freude seines Innern zu hauchen.
Schon das körperlich Innige, das durch meine
Fingerspitzen die innere Bebung unvermittelt an
die Saite drückt oder den Bogen reißt oder gar
im Gesange selbsttönend wird, macht den persön=
lichsten Erguß der Stimmung im Musizieren recht
eigentlich möglich. Eine Subjektivität wird hier
unmittelbar in Tönen tönend wirksam, nicht bloß
stumm in ihnen formend. Der Komponist schafft
langsam, unterbrochen, der Spieler in unaufhalt-
samen Flug; der Komponist für das Bleiben, der
Spieler für den erfüllten Augenblick. Das Ton=
werk wird geformt, die Aufführung erleben wir.
So liegt denn das gefühlsentäußernde und erregende
Moment der Musik im Reproduktionsakt, welcher
den elektrischen Funken aus dunkelm Geheimnis
lockt und in das Herz der Zuhörer überspringen
macht. Freilich kann der Spieler nur das bringen,

was die Komposition enthält, allein diese erzwingt
wenig mehr als die Richtigkeit der Noten. „Der
Geist des Tondichters sei es ja nur, den der
Spieler errate und offenbare" — wohl, aber eben
diese Aneignung im Moment des Wiederschaffens
ist sein, des Spielers, Geist. Dasselbe Stück
belästigt oder entzückt, je nachdem es zu tönender
Wirklichkeit belebt wird. Es ist, wie derselbe
Mensch, einmal in seiner verklärendsten Begeisterung,
das andere Mal in mißmutiger Alltäglichkeit auf=
gefaßt. Die künstliche Spieluhr kann das Gefühl
des Hörers nicht bewegen, doch der einfachste
Musikant wird es, wenn er mit voller Seele bei
seinem Liede ist.

Zur höchsten Unmittelbarkeit befreit sich die
Offenbarung eines Seelenzustandes durch Musik,
wo Schöpfung und Ausführung in einen Akt
zusammenfallen. Dies geschieht in der freien
Phantasie. Wo diese nicht mit formell künst=
lerischer, sondern mit vorwiegend subjektiver Tendenz
(pathologisch in höherem Sinn) auftritt, da kann
der Ausdruck, welchen der Spieler den Tasten
entlockt, ein wahres Sprechen werden. Wer dies
censurfreie Sprechen, dies entfesselte Sichselbstgeben

mitten in strengem Bannkreise je an sich selbst
erlebt hat, der wird ohne weiteres wissen, wie da
Liebe, Eifersucht, Wonne und Leid unverhüllt und
doch unfahnbbar hinausrauschen aus ihrer Nacht,
ihre Feste feiern, ihre Sagen singen, ihre Schlachten
schlagen, bis der Meister sie zurückruft, beruhigt,
beunruhigend.

Durch die entbundene Bewegung des Spielens
teilt sich der Ausdruck des Gespielten dem Hörer
mit. Wenden wir uns zu diesem.

Wir sehen ihn oft von einer Musik ergriffen,
froh oder wehmütig bewegt, weit über das bloß
ästhetische Wohlgefallen hinaus im Innersten empor=
getragen oder erschüttert. Die Existenz dieser
Wirkungen ist unleugbar, wahrhaft und echt, oft
die höchsten Grade erreichend, zu bekannt endlich,
als daß wir ihr ein beschreibendes Verweilen zu
widmen brauchten. Es handelt sich hier nur um
zweierlei: — worin im Unterschied von andern
Gefühlsbewegungen der spezifische Charakter dieser
Gefühlserregung durch Musik liege, und wieviel
von dieser Wirkung ästhetisch sei.

Müssen wir auch das Vermögen, auf die
Gefühle zu wirken, allen Künsten ausnahmslos

zuerkennen, so ist doch der Art und Weise, wie
die Musik es ausübt, etwas Spezifisches, nur ihr
Eigentümliches nicht abzusprechen. Musik wirkt
auf den Gemüthszustand rascher und intensiver als
irgend ein anderes Kunstschöne. Mit wenigen
Akkorden können wir einer Stimmung überliefert
sein, welche ein Gedicht erst durch längere Ex=
position, ein Bild durch anhaltendes Hineindenken
erreichen würde, obgleich diesen beiden, im Vorteil
gegen die Tonkunst, der ganze Kreis der Vor=
stellungen dienstbar ist, von welchen unser Denken
die Gefühle von Lust und Schmerz abhängig weiß.
Nicht nur rascher, auch unmittelbarer und inten=
siver ist die Einwirkung der Töne. Die andern
Künste überreden, die Musik überfällt uns. Diese
ihre eigentümliche Gewalt auf unser Gemüt er=
fahren wir am stärksten, wenn wir uns in einem
Zustand größerer Aufregung oder Herabstimmung
befinden.

In Gemütszuständen, wo weder Gemälde
noch Gedichte, weder Statuen noch Bauten mehr
im stande sind, uns zu teilnehmender Aufmerk=
samkeit zu reizen, wird Musik noch Macht über
uns haben, ja gerade heftiger als sonst. Wer in

schmerzhaft aufgeregter Stimmung Musik hören
oder machen muß, dem schwingt sie wie Essig in
der Wunde. Keine Kunst kann da so tief und
scharf in unsere Seele schneiden. Form und
Charakter des Gehörten verlieren dann ganz ihre
Bedeutung, sei es nächtigtrübes Adagio oder ein
hellfunkelnder Walzer, wir können uns nicht los=
winden von seinen Klängen, — nicht mehr das
Tonstück fühlen wir, sondern die Töne selbst, die
Musik als gestaltlos dämonische Gewalt, wie sie
glühend an die Nerven unseres ganzen Leibes rückt.

Als Goethe in hohem Alter noch einmal
die Gewalt der Liebe erfuhr, da erwachte in ihm
zugleich eine nie gekannte Empfänglichkeit für
Musik. Er schreibt über jene wunderbaren Marien=
bader Tage (1823) an Zelter: „Die ungeheure
Gewalt der Musik auf mich in diesen Tagen!
Die Stimme der Milder, das Klangreiche der
Szymanowska, ja sogar die öffentliche Exhibi=
tion des hiesigen Jägercorps falten mich aus=
einander, wie man eine geballte Faust freundlich
flach läßt. Ich bin völlig überzeugt, daß ich im
ersten Takte Deiner Singakademie den Saal ver=
lassen müßte." Zu einsichtsvoll, um nicht den

großen Anteil nervöser Aufregung in dieser
Erscheinung zu erkennen, schließt Goethe mit den
Worten: „Du würdest mich von einer krankhaften
Reizbarkeit heilen, die denn doch eigentlich als
die Ursache jenes Phänomens anzusehen ist."*)
Diese Beobachtungen müssen uns schon aufmerksam
machen, daß in den musikalischen Wirkungen auf
das Gefühl häufig ein fremdes, nicht rein ästhetisches
Element mit im Spiele sei. Eine rein ästhetische
Wirkung wendet sich an die volle Gesundheit des
Nervenlebens und zählt auf kein krankhaftes Mehr
oder Weniger desselben.

Die intensivere Einwirkung der Musik auf
unser Nervensystem vindiziert ihr in der That
einen Machtüberschuß vor den anderen Künsten.
Wenn wir aber die Natur dieses Machtüberschusses
untersuchen, so erkennen wir, daß er ein quali=
tativer sei und daß die eigentümliche Qualität
auf physiologischen Bedingungen ruhe. Der
sinnliche Faktor, der bei jedem Schönheitsgenuß
den geistigen trägt, ist bei der Tonkunst größer
als in den andern Künsten. Die Musik, durch

---

*) Briefwechsel zwischen Goethe und Zelter, 3. Band
S. 332.

ihr körperloses Material die geistigste, von Seite
ihres gegenstandlosen Formspiels die sinnlichste
Kunst, zeigt in dieser geheimnisvollen Vereinigung
zweier Gegensätze ein lebhaftes Assimilationsbe=
streben mit den Nerven, diesen nicht minder
rätselhaften Organen des unsichtbaren Telegraphen=
dienstes zwischen Leib und Seele.

Die intensive Wirkung der Musik auf das
Nervenleben ist als Thatsache von der Psychologie
wie von der Physiologie vollständig anerkannt.
Leider fehlt noch eine ausreichende Erklärung
derselben. Es vermag die Psychologie nimmer=
mehr das Magnetisch=Zwingende des Eindrucks
zu ergründen, den gewisse Akkorde, Klangfarben
und Melodien auf den ganzen Organismus des
Menschen üben, weil es dabei zuvörderst auf eine
spezifische Reizung der Nerven ankommt. Eben=
sowenig hat die im Triumph fortschreitende Wissen=
schaft der Physiologie etwas Entscheidendes über
unser Problem gebracht.

Was die musikalischen Monographien dieses
Zwittergegenstandes betrifft, so ziehen sie es fast
durchgängig vor, die Tonkunst durch Ausbreitung
glänzender Schaustücke in einen imposanten Nimbus

von Wunderthätigkeit zu bringen, als in wissen=
schaftlicher Forschung den Zusammenhang der
Musik mit unserm Nervenleben auf sein Wahres
und Notwendiges zurückzuführen. Dies allein aber
thut uns not, und weder die Überzeugungstreue
eines Doktor Albrecht, welcher seinen Patienten
Musik als schweißtreibendes Mittel verschrieb, noch
der Unglaube Oerstedts, der das Heulen eines
Hundes bei gewissen Tonarten durch rationelle
Prügel erklärt, mittelst welcher derselbe zum Heulen
abgerichtet worden sei.*)

Manchem Musikfreunde dürfte es unbekannt
sein, daß wir eine ganze Litteratur über die körperlichen Wirkungen der Musik und deren Anwen=
dung zu Heilzwecken besitzen. An interessanten
Kuriositäten reich, doch in der Beobachtung un=
zuverlässig, in der Erklärung unwissenschaftlich,
suchen die meisten dieser Musiko=Mediziner eine
sehr zusammengesetzte und beiläufige Eigenschaft der
Tonkunst zu selbständiger Wirksamkeit aufzustelzen.

Von Pythagoras, der zuerst Wunderkuren
durch Musik verrichtet haben soll, bis auf unsere

---

*) „Der Geist der Natur." III, 9.

Tage, taucht zeitweilig immer wieder, mehr durch
neue Beispiele als durch neue Ideen bereichert,
die Lehre auf, man könne die aufregende oder
lindernde Wirkung der Töne auf den körperlichen
Organismus als Heilmittel gegen zahlreiche Krank=
heiten in Anwendung bringen. Peter Lichten=
thal erzählt uns ausführlich in seinem „Musika=
lischen Arzt“, wie durch die Macht der Töne
Gicht, Hüftweh, Epilepsie, Starrsucht,
Pest, Fieberwahnsinn, Konvulsionen,
Nervenfieber, ja sogar „Dummheit“
(stupiditas) geheilt worden sei.*)

Rücksichtlich der Begründung ihrer Theorie
lassen sich diese Schriftsteller in zwei Klassen teilen.

Die einen argumentieren vom Körper aus
und gründen die Heilkraft der Musik auf die
physische Einwirkung der Schallwellen, welche sich

---

*) Die höchste Konfusion erreichte diese Lehre bei dem
berühmten Arzt Baptista Porta, welcher die Begriffe von
Medizinalpflanze und Musikinstrument kombinierte und die
Wassersucht mit einer Flöte heilte, die aus den Stengeln des
Helleborus verfertigt war. Ein aus dem populus ver=
fertigtes Musikinstrument sollte Hüftschmerzen, ein aus
Zimtrohr geschnitztes Ohnmachten heilen. (Encyclopédie,
article „musique“.)

durch den Gehörnerv den übrigen Nerven mit=
teile und durch solch allgemeine Erschütterung
eine heilsame Reaktion des gestörten Organismus
hervorrufe. Die Affekte, welche zugleich sich bemerk=
bar machten, seien nur eine Folge dieser nervösen
Erschütterung, indem Leidenschaften nicht bloß gewisse
körperliche Veränderungen hervorrufen, sondern
diese auch ihrerseits die ihnen entsprechenden Leiden=
schaften zu erzeugen vermögen.

Nach dieser Theorie, welcher (unter dem Vor=
tritt des Engländers Webb) Nikolai, Schneider,
Lichtenthal, J. J. Engel, Sulzer u. a. an=
hängen, würden wir durch die Tonkunst nicht
anders bewegt, als etwa unsere Fenster und
Thüren, die bei einer starken Musik zu zittern
beginnen. Als unterstützend werden Beispiele an=
geführt, wie der Bediente Boyle's, dem die Zähne
zu bluten anfingen, sobald er eine Säge wetzen
hörte, oder viele Personen, welche beim Kratzen
einer Messerspitze auf Glas Konvulsionen be=
kommen.

Das ist nur keine Musik. Daß Musik mit
jenen so heftig auf die Nerven wirkenden Erschei=
nungen dasselbe Substrat, den Schall teilt, wird

uns für spätere Folgerungen wichtig genug werden,
hier ist — einer materialistischen Ansicht gegen=
über — lediglich hervorzuheben, daß die Tonkunst
erst da anfange, wo jene isolierten Klangwirkungen
aufhören, übrigens auch die Wehmut, in welche ein
Adagio den Hörer versetzen kann, mit der körper=
lichen Empfindung eines schrillen Mißklangs gar
nicht zu vergleichen ist.

Die andere Hälfte unserer Autoren (unter
ihnen Kausch und die meisten Ästhetiker) erklärt
die heilkräftigen Wirkungen der Musik von der
psychologischen Seite aus. Musik — so argu=
mentieren sie — erzeugt Affekte und Leidenschaften
in der Seele, Affekte haben heftige Bewegungen
im Nervensystem zur Folge, heftige Bewegungen
im Nervensystem verursachen eine heilsame Reaktion
im kranken Organismus. Dieses Raisonnement,
auf dessen Sprünge gar nicht erst hingedeutet zu
werden braucht, wird von der genannten idealen
„psychologischen“ Schule gegen die frühere materielle
so standhaft verfochten, daß sie, unter der Autorität
des Engländers Whytt, sogar aller Physiologie
zu Trotz den Zusammenhang des Gehörnervs
mit den übrigen Nerven leugnet, wonach eine

körperliche Übertragung des durch das Ohr empfangenen Reizes auf den Gesamtorganismus freilich unmöglich wird.

Der Gedanke, durch Musik bestimmte Affekte als Liebe, Wehmut, Zorn, Entzücken, in der Seele zu erregen, welche den Körper, durch wohlthätige Aufregung heilen, klingt so übel nicht. Uns fällt dabei stets das köstliche Parere ein, welches einer unserer berühmtesten Naturforscher über die so-genannten „Goldbergerschen elektromagnetischen Ketten" abgab. Er sagte: es sei nicht ausgemacht, ob ein elektrischer Strom gewisse Krankheiten zu heilen vermöge, — das aber sei ausgemacht, daß die „Goldbergerschen Ketten" keinen elektrischen Strom zu erzeugen im stande sind. Auf unsere Tondoktoren angewandt, heißt dies: Es ist mög= lich, daß bestimmte Gemütsaffekte eine glückliche Krisis in leiblichen Krankheiten herbeiführen, — allein es ist nicht möglich, durch Musik jederzeit beliebige Gemütsaffekte hervorzubringen.

Darin kommen beide Theorien, die psycho= logische und die physiologische, überein, daß sie aus bedenklichen Voraussetzungen noch bedenklichere Ab= leitungen folgern und endlich die bedenklichste

praktische Schlußfolgerung daraus ziehen. Logi=
sche Ausstellungen mag sich eine Heilmethode etwa
gefallen lassen, aber daß sich bis jetzt noch immer
kein Arzt bewogen findet, seine Typhuskranken in
Meyerbeers „Propheten" zu schicken, oder statt
der Lanzette ein Waldhorn herauszuziehen, ist un=
angenehm.

Die körperliche Wirkung der Musik ist weder
an sich so stark, noch so sicher, noch von psychischen
und ästhetischen Voraussetzungen so unabhängig,
noch endlich so willkürlich behandelbar, daß sie als
wirkliches Heilmittel in Betracht kommen könnte.

Jede mit Beihilfe von Musik vollführte Kur
trägt den Charakter eines Ausnahmefalles, dessen
Gelingen niemals der Musik allein zuzuschreiben
war, sondern zugleich von speziellen, vielleicht von
ganz individuellen körperlichen und geistigen Be=
dingungen abhing. Es ist sehr bemerkenswert,
daß die einzige Anwendung von Musik, welche
wirklich in der Medizin vorkommt, nämlich in der
Behandlung von Irrsinnigen, vorzugsweise auf die
geistige Seite der musikalischen Wirkung reflektiert.
Die moderne Psychiatrie verwendet bekanntlich Musik
in vielen Fällen und mit glücklichem Erfolge.

Dieser beruht aber weder auf der materiellen Er=
schütterung des Nervensystems, noch auf der Er=
regung der Leidenschaften, sondern auf dem be=
sänftigend aufheiternden Einfluß, welchen das halb
zerstreuende, halb fesselnde Tonspiel auf ein ver=
düstertes oder überreiztes Gemüt auszuüben vermag.
Lauscht der Geisteskranke auch dem Sinnlichen,
nicht dem Künstlerischen des Tonstücks, so steht
er doch, wenn er mit Aufmerksamkeit hört, schon
auf einer, wenngleich untergeordneten Stufe ästhe=
tischer Auffassung.

Was nun alle diese musikalisch=medizinischen
Werke für die richtige Erkenntnis der Tonkunst
beitragen? Die Bestätigung einer von jeher be=
obachteten starken physischen Erregung bei allen
durch Musik hervorgerufenen „Affekten“ und „Leiden=
schaften“. Steht einmal fest, daß ein integrierender
Teil der durch Musik erzeugten Gemütsbewegung
physisch ist, so folgt weiter, daß dies Phänomen,
als wesentlich in unserm Nervenleben vorkommend,
auch von dieser seiner körperlichen Seite erforscht
werden müsse. Es kann demnach der Musiker
über dies Problem sich keine wissenschaftliche Über=
zeugung bilden, ohne sich mit den Ergebnissen

bekannt zu machen, bei welchen der gegenwärtige
Standpunkt der Physiologie in Untersuchung
des Zusammenhangs der Musik mit den Ge=
fühlen hält.

Verfolgen wir den Gang, welchen eine Melodie
nehmen muß, um auf unsere Gemütsstimmung zu
wirken, so finden wir ihren Weg vom vibrierenden
Instrument bis zum Gehörnerv, besonders nach den
epochemachenden Bereicherungen dieses Gebiets durch
Helmholtz' „Lehre von den Tonempfin=
dungen" hinreichend aufgeklärt. Die Akustik
weist genau die äußeren Bedingungen nach, unter
welchen wir einen Ton überhaupt, unter welchen
wir diesen oder jenen bestimmten Ton vernehmen;
die Anatomie deckt uns unter Mithilfe des Mikro=
skops den Bau des Gehörorgans bis ins Innerste
und Feinste auf; die Physiologie endlich kann zwar
an diesem überaus kleinen und zarten, tief ver=
borgenen Wunderbau keine direkten Versuche an=
stellen, hat aber doch dessen Wirkungsweise zum
Teil mit Sicherheit ermittelt, zum Teil durch eine,
von Helmholtz aufgestellte Hypothese so klar gelegt,
daß uns jetzt der ganze Vorgang der Tonempfin=
dung physiologisch verständlich ist. Selbst darüber

hinaus, auf dem Gebiete, in dem sich bereits die
Naturwissenschaft eng mit der Ästhetik berührt,
haben uns die Forschungen von Helmholtz über
die Konsonanz und die Verwandtschaft der Töne
viel Licht gegeben, wo noch bis vor kurzem viel
Dunkel herrschte. Aber damit freilich stehen wir
auch am Ende unserer Kenntnis. Das für uns
Wichtigste ist und bleibt unerklärt: der Nerven=
prozeß, durch welchen nun die Empfindung des
Tones zum Gefühl, zur Gemütsstimmung
wird. Die Physiologie weiß, daß das, was wir als
Ton empfinden, eine Molekularbewegung in der
Nervensubstanz ist, und zwar wenigstens eben so
gut als im Akustikus in den Centralorganen. Sie
weiß, daß die Fasern des Gehörnervs mit den
anderen Nerven zusammenhängen, und seine Reize
auf sie übertragen, daß das Gehör namentlich mit
dem kleinen und großen Gehirn, dem Kehlkopf,
der Lunge, dem Herzen in Verbindung steht. Un=
bekannt ist ihr aber die spezifische Art, wie Musik
auf diese Nerven wirkt, noch mehr die Verschieden=
heit, mit welcher bestimmte musikalische Faktoren,
Akkorde, Rhythmen, Instrumente auf verschiedene
Nerven wirken. Verteilt sich eine musikalische

Gehörsempfindung auf alle mit dem Akustikus zusammenhängende Nerven, oder nur auf einige? Mit welcher Intensität? Von welchen musikalischen Elementen wird das Gehirn, von welchen werden die zum Herzen oder zur Lunge führenden Nerven am meisten affiziert? Unleugbar ist, daß Tanz= musik in jungen Leuten, deren natürliches Tempera= ment nicht durch die Civilisation ganz zurück= gehalten wird, ein Zucken im Körper, namentlich in den Füßen hervorruft. Es wäre einseitig, den physiologischen Einfluß von Marsch= und Tanzmusik zu leugnen, und ihn lediglich auf psycho= logische Ideenassociation reduzieren zu wollen. Was daran psychologisch ist, — die wachgerufene Erinnerung an das schon bekannte Vergnügen des Tanzes, — entbehrt nicht der Erklärung, allein diese reicht für sich keineswegs aus. Nicht weil sie Tanzmusik ist, hebt sie die Füße, sondern sie ist Tanzmusik, weil sie die Füße hebt. Wer in der Oper ein wenig um sich blickt, wird bald bemerken, wie bei lebhaften, faßlichen Melodien die Damen unwillkürlich mit dem Kopfe hin= und herschaukeln, nie wird man dies aber bei einem Adagio sehen, sei es noch so ergreifend oder melodisch. Läßt sich

daraus schließen, daß gewisse musikalische, nament=
lich rhythmische Verhältnisse auf motorische Nerven
wirken, andere nur auf Empfindungsnerven? Wann
ist das erstere, wann das letztere der Fall?*) Er=
leidet das Solargeflecht, welches traditionell für
einen vorzugsweisen Sitz des Empfindens gilt, bei
der Musik eine besondere Affektion? Erleiden sie
etwa die „sympathischen Nerven" — an denen,
wie Purkinje mir einst bemerkte, ihr Name das
Schönste ist —? Warum ein Klang schrillend,
widerwärtig, ein anderer rein und wohllautend
erscheine, das wird auf akustischem Wege durch
die Gleichförmigkeit und Ungleichförmigkeit der

---

*) Wenn Carus den Reiz zur Bewegung damit er=
klärt, daß er den Hörnerv im kleinen Gehirn entspringen
läßt, in dieses den Sitz des Willens verlegt und aus beiden
die eigentümlichen Wirkungen der Gehörseindrücke auf Hand=
lungen des Mutes u. a. ableitet, so ist das eine sehr un=
sichere Hypothese; denn nicht einmal die Abstammung des
Gehörnervs aus dem kleinen Gehirn ist eine wissenschaftlich
ausgemachte Thatsache.

Harleß (in R. Wagners Handwörterbuch der Physio=
logie, Artikel „Hören") vindiziert der bloßen Wahrnehmung
des Rhythmus, ohne allen Gehörseindruck, denselben Trieb
zu Bewegungen wie der rhythmischen Musik.

aufeinander folgenden Luftstöße — warum mehrere
zusammenklingende Töne konsonieren oder disso=
nieren, wird durch ihren ungestörten, gleichmäßigen
oder gestörten, ungleichmäßigen Abfluß erklärt.*)
Diese Erklärungen mehr oder minder einfacher Ge=
hörsempfindungen können aber dem Ästhetiker
nicht genügen; er verlangt nach der Erklärung
des Gefühls und fragt: wie kommt es, daß die
eine Reihe von wohlklingenden Tönen den Ein=
druck der Trauer, eine zweite von gleichfalls
wohlklingenden den Eindruck der Freude macht?
Woher die entgegengesetzten, oft mit zwingender
Kraft auftretenden Stimmungen, welche verschie=
dene Akkorde oder Instrumente von gleich reinem,
wohlklingendem Ton dem Hörer unmittelbar ein=
flößen?

Dies alles kann — soweit unser Wissen und
Urteil reicht — die Physiologie nicht beantworten.
Wie sollte sie auch? Weiß sie doch nicht, wie der
Schmerz die Thräne erzeugt, wie die Freude das
Lachen, — weiß sie doch nicht, was Schmerz und
Freude sind! Hüte sich deshalb jeder, von einer

*) Helmholz, Lehre von den Tonempfindungen. 2. Aufl.
1870. S. 319.

Wiſſenſchaft Aufſchlüſſe zu verlangen, die ſie nicht
geben kann.*)

Freilich muß der Grund jedes durch Muſik
hervorgerufenen Gefühls vorerſt in einer beſtimmten
Affektionsweiſe der Nerven durch einen Gehörs=
eindruck liegen. Wie aber eine Reizung des
Gehörnervs, die wir nicht einmal bis zu deſſen
Urſprungsſtelle verfolgen können, als beſtimmte
Empfindungsqualität ins Bewußtſein fällt, wie
der körperliche Eindruck zum Seelenzuſtand, die
Empfindung endlich zum Gefühle wird, — das
liegt jenſeits der dunkeln Brücke die von keinem
Forſcher überſchritten ward. Es ſind tauſend=

---

*) Einer unſerer geiſtvollſten Phyſiologen, Lotze, ſagt
in ſeiner „mediziniſchen Pſychologie" (S. 237): „Die Be=
trachtungen der Melodien würde zu dem Geſtändnis führen,
daß wir garnichts über die Bedingungen wiſſen, unter
denen ein Übergang der Nerven aus einer Form der Erregung
in die andere eine phyſiſche Grundlage für die kraftvollen äſthe=
tiſchen Gefühle bietet, die der Abwechslung der Töne folgen."
Ferner über den Eindruck von Luſt und Unluſt, den ſelbſt ein
einfacher Ton auf das Gefühl ausüben kann (S. 236): „Es iſt
uns völlig unmöglich, gerade für dieſe Eindrücke einfacher Em=
pfindungen einen phyſiologiſchen Grund anzugeben, da uns
die Richtung, in welcher ſie die Nerventhätigkeit verändern,
zu unbekannt iſt, als daß wir aus ihr die Größe der Begün=
ſtigung oder Störung, die ſie erfährt, abzuleiten vermöchten."

fältige Umschreibungen des einen Urrätsels: vom
Zusammenhang des Leibes mit der Seele. Diese
Sphinx wird sich niemals vom Felsen stürzen.*)

Was die Physiologie der Musikwissenschaft
bietet, ist von höchster Wichtigkeit für unsere Er=
kenntnis der Gehörseindrücke als solcher; in dieser
Beziehung kann durch sie noch mancher Fortschritt
geschehen: in der musikalischen Hauptfrage wird
dies kaum je der Fall sein.

Aus diesem Resultate ergiebt sich für die
Ästhetik der Tonkunst die Betrachtung, daß die=
jenigen Theoretiker, welche das Prinzip des Schönen
in der Musik auf Gefühlswirkungen bauen, wissen=
schaftlich verloren sind, weil sie über das Wesen
dieses Zusammenhanges nichts wissen können, also
besten Falls nur darüber zu raten oder zu phanta=
sieren vermögen. Vom Standpunkte des Gefühls
wird eine künstlerische oder wissenschaftliche Be=
stimmung der Musik niemals ausgehen können.
Mit der Schilderung der subjektiven Bewegungen,

---

*) Eine neue wertvolle Bestätigung dieser Ansicht ent=
hält Du Bois=Reimonds Rede auf der Naturforscher=
versammlung in Leipzig 1872: „Über die Grenzen des
Naturerkennens.“

welche den Kritiker bei Anhörung einer Symphonie
überkommen, wird er deren Wert und Bedeutung
nicht begründen, ebensowenig kann er von den
Affekten ausgehend den Kunstjünger etwas lehren.
Letzteres ist wichtig. Denn stünde der Zusammen=
hang bestimmter Gefühle mit gewissen musikalischen
Ausdrucksweisen so zuverlässig da, als man geneigt
ist zu glauben, und als er dastehen müßte, um die
ihm vindizierte Bedeutung zu behaupten, so wäre
es ein Leichtes, den angehenden Komponisten bald
zur Höhe ergreifendster Kunstwirkung zu leiten.
Man wollte dies auch wirklich. Mattheson lehrt
im dritten Kapitel seines „vollkommenen Kapell=
meisters", wie Stolz, Demut und alle Leidenschaften
zu komponieren seien, indem er z. B. sagt, die „Er=
findungen zur Eifersucht müssen alle was Ver=
drießliches, Grimmiges und Klägliches haben".
Ein anderer Meister des vorigen Jahrhunderts,
Heinchen, giebt in seinem „Generalbaß" acht
Bogen Notenbeispiele, wie die Musik „rasende,
zankende, prächtige, ängstliche oder verliebte Em=
pfindungen" ausdrücken solle.*) Es fehlt nur noch,

---

*) Köstlich sind die Belehrungen des Herrn geheimen
Rats und Doktors der Philosophie v. Böcklin, welcher S. 34

daß derlei Vorschriften mit der Kochbuchformel „Man nehme" anhüben, oder mit der medizinischen Signatur m. d. s. endigten. Es holt sich aus solchen Bestrebungen die lehrreichste Überzeugung, wie spezielle Kunstregeln immer zugleich zu eng und zu weit sind.

Diese an sich bodenlosen Regeln für die musikalische Erweckung bestimmter Gefühle gehören aber um so weniger in die Ästhetik, als die er= strebte Wirkung keine rein ästhetische, sondern ein unausscheidbarer Anteil daran körperlich ist. Das ästhetische Rezept müßte lehren, wie der Tonkünstler das Schöne in der Musik erzeuge, nicht aber beliebige Affekte im Auditorium. Wie ganz ohnmächtig diese Regeln wirklich sind, das zeigt am schönsten die Erwägung, wie zaubermächtig sie sein müßten. Denn wäre die Gefühlswirkung jedes musikalischen Elements eine notwendige und

---

seiner „Fragmente zur höheren Musik" (1811) unter anderem sagt: „Angenommen, der Komponist wollte einen Beleidig= ten darstellen, so muß in dieser Musik ganz ästhetische Wärme auf Wärme, Schlag auf Schlag, ein erhabener Gesang mit äußerster Lebhaftigkeit hervorspringen, die Mittelstimmen rasen und schaudervolle Stöße den erwartungsvollen Zu= hörer schrecken."

erforschbare, so könnte man auf dem Gemüt des Hörers, wie auf einer Klaviatur spielen. Und falls man es vermöchte — würde die Aufgabe der Kunst dadurch gelöst? So nur lautet die berech= tigte Frage und verneint sich von selbst. **Musi= kalische Schönheit** allein ist die wahre Kraft des Tonkünstlers. Auf ihren Schultern schreitet er sicher durch die reißenden Wogen der Zeit, in denen das Gefühlsmoment ihm keinen Strohhalm bietet vor dem Ertrinken.

Man sieht, unsere beiden Fragen — nämlich, welches spezifische Moment die Gefühlswirkung durch **Musik** auszeichne, und ob dies Moment wesentlich ästhetischer Natur sei — erledigen sich durch die Erkenntnis ein und desselben Faktors: der intensiven Einwirkung auf das **Nervensystem.** Auf dieser beruht die eigentümliche Stärke und Unmittelbarkeit, mit welcher die Musik im Vergleich mit jeder andern nicht durch **Töne** wirkenden Kunst Affekte aufzuregen vermag.

Je stärker aber eine Kunstwirkung körperlich überwältigend, also pathologisch auftritt, desto ge= ringer ist ihr **ästhetischer** Anteil; ein Satz, der sich freilich nicht umkehren läßt. Es muß darum in der musikalischen Hervorbringung und Auffassung ein anderes Element hervorgehoben werden, welches das unvermischt Ästhetische dieser Kunst repräsentiert und als Gegenbild zu der spezifisch musikalischen Gefühlserregung sich den allgemeinen Schönheitsbedingungen der übrigen Künste annähert. Dies ist die reine Anschauung. Ihre besondere Erscheinungsform in der Tonkunst, sowie die vielgestaltigen Verhältnisse, welche sie in der Wirklichkeit zum Gefühlsleben eingeht, wollen wir im folgenden Abschnitt betrachten.

V.

Das ästhetische Aufnehmen der Musik gegenüber dem pathologischen.

Nichts hat die wissenschaftliche Entwicklung der musikalischen Ästhetik so empfindlich gehemmt als der übermäßige Wert, welchen man den Wir= kungen der Musik auf die Gefühle beilegte. Je auffallender sich diese Wirkungen zeigten, desto höher pries man sie als Herolde musikalischer Schönheit. Wir haben im Gegenteil gesehen, daß gerade den überwältigendsten Eindrücken der Musik ein stärkster Anteil körperlicher Erregung von Seite des Hörers beigemischt ist. Von Seite der Musik liegt diese heftige Eindringlichkeit in das Nervensystem nicht sowohl in ihrem künstlerischen Moment, das ja aus dem Geiste kommt und an den Geist sich wendet, als vielmehr in ihrem

Material, dem die Natur jene unergründliche physiologische Wahlverwandtschaft eingeboren hat. Das Elementarische der Musik, der Klang und die Bewegung ist es, was die wehrlosen Gefühle so vieler Musikfreunde in Ketten schlägt, mit denen sie gar gerne klirren. Weit sei es von uns, die Rechte des Gefühls an die Musik verkürzen zu wollen. Allein dies Gefühl, welches sich thatsächlich mehr oder minder mit der reinen Anschauung paart, kann nur dann als künstlerisch gelten, wenn es sich seiner ästhetischen Herkunft bewußt bleibt, d. h. der Freude an einem und zwar gerade diesem bestimmten Schönen.

Fehlt dies Bewußtsein, fehlt die freie Anschauung des bestimmten Kunstschönen und fühlt das Gemüt sich nur von der Naturgewalt der Töne befangen, so kann die Kunst sich solchen Eindruck um so weniger zu Gute schreiben, je stärker er auftritt. Die Zahl derer, welche auf solche Art Musik hören oder eigentlich fühlen, ist sehr bedeutend. Indem sie das Elementarische der Musik in passiver Empfänglichkeit auf sich wirken lassen, geraten sie in eine vage, nur durch den ganz allgemeinen Charakter des Tonstücks bestimmte

überfinnlich finnliche Erregung. Ihr Verhalten
gegen die Mufik ist nicht anschauend, sondern pa=
t h o l o g i f ch; ein stetes Dämmern, Fühlen, Schwär=
men, ein Hangen und Bangen in klingendem Nichts.
Lassen wir an dem Gefühlsmufiker mehrere Ton=
stücke gleichen, etwa rauschend fröhlichen Charakters,
vorbeiziehen, so wird er in dem Banne desselben
Eindrucks verbleiben. Nur was diesen Stücken
gleichartig ist, also die Bewegung des rauschend
Fröhlichen, affimiliert sich seinem Fühlen, während
das Besondere jeder Tondichtung, das künstlerisch
Individuelle, seiner Auffassung entschwindet. Gerade
umgekehrt wird der mufikalische Zuhörer verfahren.
Die eigentümliche künstlerische Gestaltung einer
Kompofition, das, was sie unter einem Dutzend
ähnlich wirkender zum selbständigen Kunstwerk stem=
pelt, erfüllt sein Aufmerken so vorherrschend, daß er
ihrem gleichen oder verschiedenen Gefühlsausdruck
nur geringes Gewicht beilegt. Das isolierte Auf=
nehmen eines abstrakten Gefühlsinhalts anstatt
der konkreten Kunsterscheinung ist in solcher Aus=
bildung der Mufik ganz eigentümlich. Nur die
Gewalt einer besonderen Beleuchtung erscheint ihr
nicht selten analog, wenn sie manchen so ergreift,

daß er über die beleuchtete Landschaft selbst sich gar keine Rechenschaft zu geben vermag. Eine un= motivierte und darum desto eindringlichere Total= empfindung wird in Bausch und Bogen einge= saugt.*)

Halbwach in ihren Fauteuil geschmiegt, lassen jene Enthusiasten von den Schwingungen der Töne sich tragen und schaukeln, statt sie scharfen Blickes zu betrachten. Wie das stark und stärker anschwillt, nachläßt, aufjauchzt oder auszittert, das versetzt sie in einen unbestimmten Empfindungszustand, den sie für rein geistig zu halten so unschuldig sind. Sie bilden das „dankbarste" Publikum und das= jenige, welches geeignet ist, die Würde der Musik am sichersten zu diskreditieren. Das ästhetische Merkmal des g e i s t i g e n Genusses geht ihrem Hören

---

*) Der verliebte Herzog in Shakespeares „Twelfth night" ist eine poetische Personifikation solchen Musithörens. Er sagt:

„If music be the food of love, play on.

– – – – – – – – – – – – – –

„O, it came o'er my ear like the sweet south,
„That breathes upon a bank of violets,
„Stealing and giving odour."

Und später, im 2. Akt, ruft er:

„Give me some music. — —
„Me thought it did relieve my passion much" etc.

ab; eine feine Cigarre, ein pikanter Leckerbiſſen, ein
laues Bad leiſtet ihnen unbewußt, was eine Sym=
phonie. Vom gedankenlos gemächlichen Daſitzen der
einen bis zur tollen Verzückung der andern iſt das
Prinzip dasſelbe: die Luſt am E l e m e n t a r i ſ ch e n
der Muſik. Die neue Zeit hat übrigens eine
herrliche Entdeckung gebracht, welche für Hörer,
die ohne alle Geiſtesbethätigung nur den Gefühls=
niederſchlag der Muſik ſuchen, dieſe Kunſt weit
überbietet. Wir meinen in den Schwefeläther, das
Chloroform. In der That zaubern uns dieſe
Mittel einen, den ganzen Organismus ſüßtraumhaft
durchbebenden Rauſch — ohne die Gemeinheit des
Weintrinkens, welches auch nicht ohne muſikaliſche
Wirkung iſt.

Die Werke der Tonkunſt reihen ſich für ſolche
Auffaſſung zu den N a t u r p r o d u k t e n, deren Genuß
uns entzücken, aber nicht zwingen kann zu denken,
einem bewußt ſchaffenden Geiſte nachzudenken. Der
ſüße Atem eines Akazienbaumes läßt ſich auch ge=
ſchloſſenen Auges, träumend einſaugen. Hervor=
bringungen menſchlichen Geiſtes verwehren das
durchaus, wenn ſie nicht eben auf die Stufe ſinn=
licher Naturreize herabſinken ſollen.

In keiner andern Kunst ist dies so hohen
Grades möglich, wie in der Musik, deren sinnliche
Seite einen geistlosen Genuß wenigstens zuläßt.
Schon das Verrauschen derselben, während die
Werke der übrigen Künste bleiben, gleicht in be=
denklicher Weise dem Akt des Verzehrens.

Ein Bild, eine Kirche, ein Drama lassen sich
nicht schlürfen, eine Arie sehr wohl. Darum giebt
auch der Genuß keiner andern Kunst sich zu solch
accessorischem Dienst her. Die besten Kompositionen
können als Tafelmusik gespielt werden, und die
Verdauung der Fasane erleichtern. Musik ist die
zudringlichste und auch wieder die nachsichtigste
Kunst. Die jämmerlichste Drehorgel, so sich vor
unser Haus postiert, muß man hören, aber zu=
hören braucht man selbst einer Mendelssohnschen
Symphonie nicht.

Die gerügte Art des Musikhörens ist übrigens
nicht etwa identisch mit der in jeder Kunst vor=
kommenden Freude des naiven Publikums an dem
bloß sinnlichen Teil derselben, während der ideale
Gehalt nur von dem gebildeten Verständnis erkannt
wird. Diese unkünstlerische Auffassung eines Musik=
stückes zieht nicht den eigentlich sinnlichen Teil, die

reiche Mannigfaltigkeit der Tonreihen an sich, son=
dern deren abstrakte, als bloßes Gefühl empfundene
Totalidee. Dadurch wird die höchst eigentümliche
Stellung ersichtlich, welche in der Musik der geistige
Gehalt zu den Kategorien der Form und des
Inhalts einnimmt. Man pflegt nämlich daß ein
Tonstück durchwehende Gefühl als den Inhalt, die
Idee, den geistigen Gehalt desselben anzusehen; die
künstlerisch geschaffenen, bestimmten Tonfolgen
hingegen als die bloße Form, das Bild, die sinn=
liche Einkleidung jenes Übersinnlichen. Allein
gerade der „spezifisch=musikalische" Teil ist die
Schöpfung des künstlerischen Geistes, mit welchem
der anschauende Geist sich verständnisvoll vereinigt.
In diesen konkreten Tonbildungen liegt der geistige
Gehalt der Komposition, nicht in dem vagen Total=
eindruck eines abstrahierten Gefühls. Die dem
Gefühl, als vermeintlichem Inhalt, gegenübergestellte
bloße Form (das Tongebilde) ist gerade der wahre
Inhalt der Musik, ist die Musik selbst; während
das erzeugte Gefühl weder Inhalt noch Form heißen
kann, sondern faktische Wirkung. Ebenso ist das
vermeintliche Materielle, Darstellende, gerade
das vom Geiste Gebildete, während das angeblich

Dargestellte, die Gefühlswirkung, der **M a t e r i e** des Tons innewohnt und zur guten Hälfte **p h y s i o = l o g i s c h e n** Gesetzen folgt.

Aus den obigen Betrachtungen ergiebt sich leicht die richtige Wertschätzung für die sogenannten „**m o r a l i s c h e n W i r k u n g e n**" der Musik, die als glänzendes Seitenstück zu den vorher erwähnten „**physischen**" von älteren Autoren mit so viel Vorliebe herausgestrichen werden. Da hierbei die Musik nicht im entferntesten als ein Schönes ge= nossen, sondern als rohe Naturgewalt empfunden wird, die bis zu besinnungslosem Handeln treibt, so stehen wir an dem geraden Widerspiel alles Ästhetischen. Überdies liegt das Gemeinschaftliche dieser angeblich „moralischen" Wirkungen mit den anerkannt physischen zu Tage.

Der drängende Gläubiger, der durch die Töne seines Schuldners bewogen wird, ihm die ganze Summe zu schenken,*) ist dazu nicht anders angetrieben als der Ruhende, den ein Walzermotiv plötzlich zum Tanz begeistert. Der erstere wird

---

*) Wird von dem neapolitanischen Sänger **P a l m a** und von anderen erzählt (Anecdotes on music, by A. Burgh, 1814).

mehr durch die geistigeren Elemente: Harmonie
und Melodie, der zweite durch den sinnlicheren
Rhythmus bewegt. Keiner von beiden handelt
aber aus freier Selbstbestimmung, keiner über=
wältigt durch geistige Überlegenheit oder ethische
Schönheit, sondern infolge befördernder Nerven=
reize. Die Musik löst ihm die Füße oder das
Herz, gerade so wie der Wein die Zunge. Solche
Siege predigen nur die Schwäche des Besiegten.
Ein Erleiden unmotivierter ziel= und stoffloser
Affekte durch eine Macht, die in keinem Rapport
zu unserem Wollen und Denken steht, ist des
Menschengeistes unwürdig. Wenn vollends Men=
schen in so hohem Grade von dem Elementarischen
einer Kunst sich hinreißen lassen, daß sie ihres
freien Handelns nicht mehr mächtig sind, so scheint
uns dies weder ein Ruhm für die Kunst, noch
viel weniger für die Helden selbst.

Die Musik hat diese Bestimmung keineswegs,
allein ihr intensives Gefühlsmoment macht es
möglich, daß sie in solcher Tendenz genossen werde.
Dies ist der Punkt, in welchem die ältesten An=
klagen gegen die Tonkunst ihre Wurzel haben;
daß sie entnerve, verweichliche, erschlaffe.

Wo man Musik macht als ein Erregungs=
mittel „unbestimmter Affekte", als Nahrung des
„Fühlens" an sich, da wird jener Vorwurf nur
zu wahr. Beethoven verlangte, die Musik solle
dem Mann „Feuer aus dem Geiste schlagen".
Wohlgemerkt: „soll". Ob aber nicht selbst ein
Feuer, das durch Musik erzeugt und genährt
wird, die willensstarke, denkkräftige Entwickelung
des Mannes hemmend zurückhält?

Jedenfalls scheint uns diese Anklage des musi=
kalischen Einflusses würdiger als dessen übermäßige
Lobpreisung. Sowie die physischen Wirkungen
der Musik im geraden Verhältnis stehen zu der
krankhaften Gereiztheit des ihnen entgegenkommen=
den Nervensystems, so wächst der moralische
Einfluß der Töne mit der Unkultur des Geistes
und Charakters. Je kleiner der Widerhall der
Bildung, desto gewaltiger das Dreinschlagen solcher
Macht. Die stärkste Wirkung übt Musik bekannt=
lich auf Wilde.

Das schreckt unsere Musik=Ethiker nicht ab.
Sie beginnen, gleichsam präludierend, am liebsten
mit zahlreichen Beispielen, „wie sogar die Tiere"
sich der Macht der Tonkunst beugen. Es ist wahr,

der Ruf der Trompete erfüllt das Pferd mit
Mut und Schlachtbegier, die Geige begeistert den
Bären zu Balletversuchen, die zarte Spinne und der
plumpe Elefant bewegen sich horchend bei den ge=
liebten Klängen. Ist es denn aber wirklich so ehren=
voll, in f o l ch e r Gesellschaft Musikenthusiast zu sein?

Auf die Tierproduktionen folgen die mensch=
lichen Kabinetstücke. Sie sind meist im Geschmack
Alexanders des Großen, welcher durch das Flöten=
spiel des T i m o t h e u s zuerst wütend gemacht, hier=
auf durch Gesang wieder besänftigt wurde. So
ließ der minder bekannte König von Dänemark
Ericus bonus, um sich von der gepriesenen Gewalt
der Musik zu überzeugen, einen berühmten Musikus
spielen und zuvor alles Gewehr entfernen. Der
Künstler versetzte durch die Wahl seiner Modu=
lationen alle Gemüter zuerst in Traurigkeit, dann
in Frohsinn. Letzteren wußte er bis zur Raserei
zu steigern. „Selbst der König brach durch die
Thür, griff zum Degen und brachte von den Um=
stehenden v i e r ums Leben." (Albert Krantzius,
Dan. lib. V., cap. 3.) Und das war noch der
„g u t e E r i ch".

Wären solche „moralische Wirkungen" der

Mufik noch an der Tagesordnung, fo käme man
wahrscheinlich vor innerer Empörung gar nicht
dazu, sich über die Hexenmacht vernünftig aus=
zusprechen, welche in souveräner Exterritorialität
den Menschengeist unbekümmert um deffen Gedanken
und Entschlüffe bezwingt und verwirrt.

Die Betrachtung jedoch, daß die berühmteften
diefer mufikalischen Trophäen dem grauen Alter=
tum angehören, macht wohl geneigt, der Sache
einen hiftorischen Standpunkt abzugewinnen.

Es leidet gar keinen Zweifel, daß die Mufik
bei den alten Völkern eine weit unmittelbarere
Wirkung äußerte als gegenwärtig; weil die Menfch=
heit eben in ihren primitiven Bildungsftufen dem
Elementarischen viel verwandter und preis=
gegebener ift als fpäter, wo Bewußtfein und Selbft=
beftimmung in ihr Recht treten. Diefer natür=
lichen Empfänglichkeit kam der eigentümliche Zu=
ftand der Mufik im griechischen Altertum hilfreich
entgegen. Sie war nicht Kunft in unferem Sinn.
Klang und Rhythmus wirkten in faft verein=
zelter Selbftändigkeit und vertraten in dürftigem
Vordrängen die Stelle der reichen, geifterfüllten
Formen, welche die gegenwärtige Tonkunft bilden.

Alles, was von der Musik jener Zeiten bekannt
ist, läßt mit Gewißheit auf ein bloß sinnliches,
dafür aber in dieser Beschränkung verfeinertes
Wirken derselben schließen. Musik in der modernen,
künstlerischen Bedeutung gab's nicht im klassischen
Altertum, sonst hätte sie für die spätere Ent=
wicklung ebensowenig verloren gehen können, als
die klassische Dichtkunst, Plastik und Architektur
verloren gegangen sind. Die Vorliebe der Griechen
für ein gründliches Studium ihrer ins Subtilste
zugespitzten Tonverhältnisse gehört als rein wissen=
schaftliche nicht hierher.

Der Mangel an Harmonie, die Befangenheit
der Melodie in den engsten Grenzen rezitativischen
Ausdrucks, endlich die Entwicklungsunfähigkeit des
alten Tonsystems zu wahrhaft musikalischem Ge=
staltenreichtum machten eine absolute Bedeutung
der Musik als Tonkunst im musikalischen Sinne
unmöglich; sie ward auch fast niemals selbständig,
sondern stets in Verbindung mit Poesie, Tanz
und Mimik angewendet, mithin als eine Ergän=
zung der andern Künste. Musik hatte nur den
Beruf, durch rhythmischen Pulsschlag und Ver=
schiedenheit der Klangfarben zu beleben; endlich

als intensive Steigerung rezitierender Defla=
mation Worte und Gefühle zu kommentieren.
Die Tonkunst wirkte daher hauptsächlich nach
ihrer sinnlichen und ihrer symbolischen Seite.
Auf diese Faktoren hingedrängt, mußte sie die=
selben durch solche Konzentration zu großer, ja
raffinierter Wirksamkeit ausbilden. Die Zuspitzung
des melodischen Materials bis zur Anwendung
der Vierteltöne und des „enharmonischen Ton=
geschlechts“ hat die heutige Tonkunst ebensowenig
mehr aufzuweisen, als den charakteristischen Sonder=
ausdruck der Tonarten und ihr enges Anschmiegen
an das gesprochene oder gesungene Wort.

Diese gesteigerten tonlichen Verhältnisse fan=
den für ihren engen Kreis überdies eine viel
größere Empfänglichkeit in den Hörern vor.
Wie das griechische Ohr unendlich feinere Inter=
vallenunterschiede zu fassen fähig war, als es
das unsere in der schwebenden Temperatur auf=
erzogene ist, so war auch das Gemüt jener Völker
der wechselnden Umstimmung durch Musik weit zu=
gänglicher und begehrlicher als wir, die an dem
künstlerischen Bilden der Tonkunst ein kontempla=
tives Gefallen hegen, das deren elementarischen

Einfluß paralysiert. So erscheint denn eine inten=
sivere Wirkung der Musik im Altertum wohl be=
greiflich.

. Desgleichen ein bescheidener Teil der Histo=
rien, die uns von der spezifischen Wirkung der
verschiedenen Tonarten bei den alten überliefert
sind. Sie gewinnen einen Erklärungsgrund in
der strengen Scheidung, mit welcher die einzelnen
Tonarten zu bestimmten Zwecken gewählt und
unvermischt erhalten wurden. Die dorische Tonart
brauchten die Alten für ernste, namentlich religiöse
Anlässe; mit der phrygischen feuerten sie die Heere
an; die lydische bedeutete Trauer und Wehmut,
und die äolische erklang, wo es in Liebe oder
Wein lustig herging. Durch diese strenge, bewußte
Trennung von vier Haupttonarten für eben so viele
Klassen von Seelenzuständen, sowie durch ihre kon=
sequente Verbindung mit nur zu dieser Tonart
passenden Gedichten mußten Ohr und Gemüt un=
willkürlich eine entschiedene Tendenz gewinnen, beim
Erklingen einer Musik gleich das ihrer Tonart
entsprechende Gefühl zu reproduzieren. Auf der
Grundlage dieser einseitigen Ausbildung war nun
die Musik unentbehrliche, fügsame Begleiterin aller

Künste, war Mittel zu pädagogischen, politischen
und anderen Zwecken, sie war alles, nur keine selbst=
ständige Kunst. Wenn es bloß einiger phrygischen
Klänge bedurfte, um den Soldaten mutig gegen den
Feind zu treiben, und die Treue der Strohwittwen
durch dorische Lieder gesichert war, so mag der
Untergang des griechischen Tonsystems von Feld=
herren und Ehegatten betrauert werden, — der
Ästhetiker und der Komponist werden es sich nicht
zurückwünschen.

Wir setzen jenem pathologischen Ergriffen=
werden das bewußte reine Anschauen eines Ton=
werks entgegen. Diese kontemplative ist die einzig
künstlerische, wahre Form des Hörens; ihr gegen=
über fällt der rohe Affekt des Wilden und der
schwärmende des Musik=Enthusiasten in Eine Klasse.
Dem Schönen entspricht ein Genießen, kein Er=
leiden, wie ja das Wort „Kunstgenuß" sinnig
ausdrückt. Die Gefühlvollen halten es freilich für
Ketzerei gegen die Allmacht der Musik, wenn
jemand von den Herzens=Revolutionen und =Kra=
wallen Umgang nimmt, welche sie in jedem Ton=
stück antreffen und redlich mitmachen. Man ist
dann offenbar „kalt", „gemütlos", „Verstandes=

natur". Immerhin. Edel und bedeutend wirkt es,
dem schaffenden Geist zu folgen, wie er zauberisch
eine neue Welt von Elementen vor uns aufschließt,
diese in alle denkbaren Beziehungen zu einander
lockt, und so fortan aufbaut, niederreißt, hervor=
bringt und vernichtet, den ganzen Reichtum eines
Gebietes beherrschend, welches das Ohr zum fein=
sten und ausgebildetsten Sinneswerkzeug adelt.
Nicht eine angeblich geschilderte Leidenschaft reißt
uns in Mitleidenschaft. Freudigen Geistes, in
affektlosen, doch innig=hingebendem Genießen sehen
wir das Kunstwerk an uns vorüberziehen und feiner
erkennend, was Schelling so schön „die erhabene
Gleichgültigkeit des Schönen" nennt.*) Dieses
Sich=Erfreuen mit wachem Geiste ist die wür=
digste, heilvollste und nicht die leichteste Art, Musik
zu hören.

Der wichtigste Faktor in dem Seelenvorgang,
welcher das Auffassen eines Tonwerks begleitet
und zum Genusse macht, wird am häufigsten über=
sehen. Es ist die geistige Befriedigung, die der
Hörer darin findet, den Absichten des Komponisten

*) „Über das Verhältnis der bildenden Künste zur
Natur."

fortwährend zu folgen und voranzueilen, sich in seinen Vermutungen hier bestätigt, dort angenehm getäuscht zu finden. Es versteht sich, daß dieses intellektuelle Hinüber= und Herüberströmen, dieses fortwährende Geben und Empfangen, unbewußt und blitzschnell vor sich geht. Nur solche Musik wird vollen künstlerischen Genuß bieten, welche dies geistige Nachfolgen, welches ganz eigentlich ein Nachdenken der Phantasie genannt werden könnte, hervorruft und lohnt. Ohne geistige Thätig= keit giebt es überhaupt keinen ästhetischen Genuß. Der Musik aber ist diese Form von Geistes= thätigkeit darum vorzüglich eigen, weil ihre Werke nicht unverrückbar und mit Einem Schlag dastehen, sondern sich succesiv am Hörer abspinnen, daher sie von diesem kein, ein beliebiges Verweilen und Unterbrechen zulassendes Betrachten, sondern ein in schärfster Wachsamkeit unermüdliches Begleiten fordern. Diese Begleitung kann bei verwickelten Kompositionen sich bis zur geistigen Arbeit steigern. Wie viele einzelne Individuen, so können auch manche Nationen sich ihr nur sehr schwer unter= ziehen. Die singende Alleinherrschaft der Ober= stimme bei den Italienern hat einen Hauptgrund

in der geistigen Bequemlichkeit dieses Volkes, wel=
chem das ausdauernde Durchdringen unerreichbar
ist, womit der Nordländer einem künstlichen Gewebe
von harmonischen und kontrapunktischen Verschlin=
gungen zu folgen liebt. Dafür wird Hörern,
deren geistige Thätigkeit gering ist, der Genuß
leichter, und solche Musikbolde können Massen
von Musik verzehren, vor welchen der künstlerische
Geist zurückbebt.

Das bei jedem Kunstgenuß notwendige geistige
Moment wird sich bei Zuhörern desselben Ton=
werks in sehr verschiedener Abstufung thätig er=
weisen; es kann in sinnlichen und gefühlvollen
Naturen auf ein Minimum sinken, in vorherrschend
geistigen Persönlichkeiten das geradezu Entscheidende
werden. Die wahre „rechte Mitte" muß sich,
nach unserer Meinung, hier eher etwas nach rechts
neigen. Zum Berauschtwerden braucht's nur der
Schwäche, aber wirklich ästhetisches Hören ist eine
Kunst.*)

---

*) W. Heinses schwärmerisch=dissolutem Temperament
mußte es vollkommen entsprechen, von der bestimmten musi=
kalischen Schönheit zu Gunsten des vagen Gefühlseindruckes
abzusehen. Er geht (in der „Hildegard von Hohenthal") so

Das Gefühlsschwelgen ist meist Sache jener Hörer, welche für die künstlerische Auffassung des **Musikalisch=Schönen** keine Ausbildung be=sitzen. Der Laie „fühlt" bei Musik am meisten, der gebildete Künstler am wenigsten. Je bedeutender

---

weit zu sagen: „Die wahre Musik ... geht überall auf den Zweck los, den Sinn der Worte und der Empfindung in die Zuhörer zu übertragen, so leicht und angenehm, daß man sie (die Musik) nicht merkt. Solche Musik dauert ewig, sie ist gerade so natürlich, daß man s i e n i c h t m e r k t, sondern nur der Sinn der Worte übergeht."

Ein ästhetisches Aufnehmen der Musik findet aber ge=rade im Gegenteil da statt, wo man sie vollkommen „m e r k t", ihr a u f m e r k t und jeder ihrer Schönheiten sich unmittelbar bewußt wird. H e i n s e, dessen genialen Naturalismus wir den Zoll einer angemessenen Bewunderung nicht versagen, ist in poetischer, noch mehr in musikalischer Hinsicht sehr überschätzt worden. Bei der Armut an geistreichen Schriften über Musik hat man sich gewöhnt, Heinse als einer vor=züglichen musikalischen Ästhetiker zu behandeln und zu citieren. Konnte man dabei wirklich übersehen, wie nach einigen treffenden Aperçus meist eine Flut von Plattheiten und offenbaren Irrtümern hereinstürzt, daß man über solche Unbildung geradezu erschrickt? Überdies geht Hand in Hand mit technischer Unkenntnis Heinses schiefes ästhetisches Urteil, wie seine Analysen der Opern von G l u c k, J o m e l l i, T r a ë t t a u. a. darthun, in welchen man anstatt künst=lerischer Belehrung fast nur enthusiastische Ausrufungen erhält.

nämlich das ästhetische Moment im Hörer (ge=
rade wie im Kunstwerk), desto mehr nivelliert es
das bloß elementarische. Darum ist das ehrwürdige
Axiom der Theoretiker: „Eine düstere Musik erregt
Gefühle der Trauer in uns, eine heitere erweckt
Fröhlichkeit" — in dieser Ausdehnung nicht immer
richtig. Wenn jedes hohle Requiem, jeder lär=
mende Trauermarsch, jedes winselnde Adagio die
Macht haben sollte, uns traurig zu machen —
wer möchte dann länger so leben? Blickt eine
Tondichtung uns an mit klaren Augen der Schön=
heit, so erfreuen wir uns inniglich daran, und
wenn sie alle Schmerzen des Jahrhunderts zum
Gegenstand hätte. Der lauteste Jubel aber eines
Verdischen Finales oder einer Musardschen Qua=
drille hat uns nicht immer froh gemacht.

Der Laie und Gefühlsmensch fragt gerne, ob
eine Musik lustig sei oder traurig — der Musiker,
ob sie gut sei oder schlecht. Dieser kurze Schlag=
schatten weist deutlich, auf welch verschiedener Seite
beide Parteien gegen die Sonne stehen.

Wenn wir sagten, daß unser ästhetisches Wohl=
gefallen an einem Tonstück sich nach dessen künst=
lerischem Wert richte, so hindert dies nicht, daß

ein einfacher Hornruf, ein Jodler im Gebirg uns
mitunter zu größerem Entzücken anrufen kann, als
die vortrefflichste Symphonie. In diesem Fall
tritt aber die Musik in die Reihe des Natur=
schönen. Nicht als dieses bestimmte Ge=
bilde in Tönen, sondern als diese bestimmte Art
von Naturwirkung kommt uns das Gehörte ent=
gegen und kann übereinstimmend mit dem landschaft=
lichen Charakter der Umgebung und der persönlichen
Stimmung jeden Kunstgenuß an Macht hinter sich
zurücklassen. Es giebt also ein Übergewicht an
Eindruck, welches das Elementarische über das
Artistische erreichen kann, allein die Ästhetik, als
Lehre vom Kunstschönen, hat die Musik lediglich
von ihrer künstlerischen Seite aufzufassen, also
auch nur jene ihrer Wirkungen anzuerkennen, welche
sie als menschliches Geistesprodukt, durch eine be=
stimmte Gestaltung jener elementarischen Faktoren
auf die reine Anschauung hervorbringt.

Die notwendigste Forderung einer ästhetischen
Aufnahme der Musik ist aber, daß man ein Ton=
stück um seiner selbst willen höre, welches es
nun immer sei und mit welcher Auffassung immer.
Sobald die Musik nur als Mittel angewandt

wird, eine gewisse Stimmung in uns zu fördern, accessorisch, dekorativ, da hört sie auf, als reine Kunst zu wirken. Das Elementarische der Musik wird unendlich oft mit der künstlerischen Schönheit derselben verwechselt, also ein Teil für das Ganze genommen und dadurch namenlose Ver= wirrung verursacht. Hundert Aussprüche, die über „die Tonkunst" gefällt werden, gelten nicht von dieser, sondern von der sinnlichen Wirkung ihres Materials.

Wenn Heinrich der Vierte bei Shakespeare (II. Teil. IV. 4.) sich sterbend Musik machen läßt, so geschieht es wahrlich nicht, um die vorgetragene Komposition anzuhören, sondern um träumend in deren gegenstandlosem Element sich zu wiegen. Ebensowenig werden Porzia und Bassanio (im „Kaufmann von Venedig") gestimmt sein, während der verhängnisvollen Kästchenwahl der bestellten Musik Aufmerksamkeit zu schenken. J. Strauß hat reizende, ja geistreiche Musik in seinen bessern Walzern niedergelegt, — sie hört auf es zu sein, sobald man lediglich dabei im Takt tanzen will. In allen diesen Fällen ist es ganz gleichgültig, welche Musik gemacht wird, wenn sie nur den

verlangten Grundcharakter hat. Wo aber Gleich=
gültigkeit gegen das Individuelle eintritt, da herrscht
Klangwirkung, nicht Tonkunst. Nur derjenige,
welcher nicht bloß die allgemeine Nachwirkung des
Gefühls, sondern die unvergeßliche, bestimmte An=
schauung eben dieses Tonstücks mit sich nimmt,
hat es gehört und genossen. Jene erhebenden
Eindrücke auf unser Gemüt und ihre hohe psychische,
wie physiologische Bedeutung dürfen nicht hindern,
daß die Kritik überall unterscheide, was bei einer
vorhandenen Wirkung künstlerisch, was elementarisch
sei. Eine ästhetische Anschauung hat Musik nicht
sowohl als Ursache, denn als Wirkung aufzufassen,
nicht als Produzierendes, sondern als Produkt.

Ebenso häufig als die elementarische Wirkung
der Musik wird deren maßhaltendes, Ruhe und Be=
wegung, Dissonanz und Konkordanz vermittelndes,
allgemein harmonisches Wesen mit der Tonkunst
selbst verwechselt. Bei dem gegenwärtigen Stand
der Tonkunst und Philosophie dürfen wir uns
im Interesse beider die altgriechische Ausdehnung
des Begriff „Musik" auf alle Wissenschaft und
Kunst, sowie auf die Bildung sämtlicher Seelen=
kräfte nicht gestatten. Die berühmte Apologie der

Tonkunst im „Kaufmann von Venedig" (V. 1.)*)
beruht auf solcher Verwechselung der Tonkunst
selbst mit dem sie beherrschenden Geist des Wohl=
klangs, der Übereinstimmung, des Maßes. Man
könnte in ähnlichen Stellen ohne viel Änderung
statt „Musik" auch „Poesie", „Kunst", ja „Schön=
heit" überhaupt setzen. Daß aus der Reihe der
Künste gerade die Musik hervorgeholt zu werden
pflegt, verdankt sie der zweideutigen Macht ihrer
Popularität. Gleich die weiteren Verse der an=
geführten Rede bezeugen dies, wo die zähmende
Wirkung der Töne auf Bestien sehr gerühmt wird,
die Musik also wieder einmal als Tierbändiger
erscheint.

Die lehrreichsten Beispiele bieten Bettinas
„musikalische Explosionen", wie Goethe ihre Briefe
über Musik galant bezeichnete. Als der wahrhafte
Prototyp aller vagen Schwärmerei über Musik,
zeigt Bettina, wie ungebührlich man den Begriff
dieser Kunst ausdehnen kann, um sich bequem
darin zu tummeln. Mit der Prätension, von der

---

*) „The man that has no music in himself,
Nor is not moved with concord of sweet sounds,
Is fit for treasons, stratagems and spoils;" etc.

Musik selbst zu sprechen, redet sie stets von der dunklen Einwirkung, welche diese auf ihr Gemüt übt, und deren üppige Traumseligkeit sie absichtlich von jedem forschenden Denken absperrt. In einer Komposition sieht sie immer ein unerforschliches Naturerzeugnis, nicht ein menschliches Kunstwerk, und begreift daher Musik nie anders, als rein phänomenologisch. „Musik", „musikalisch" nennt Bettina unzählige Erscheinungen, die lediglich ein oder das andere Element der Tonkunst: Wohl=klang, Rhythmus, Gefühlserregung mit ihr gemein haben. Auf diese Faktoren kommt es aber gar nicht an, sondern auf die spezifische Art, wie sie in künstlerischer Gestaltung als Tonkunst er=scheinen. Es versteht sich von selbst, daß die musiktrunkene Dame in Goethe, ja in Christus große Musiker sieht, obwohl von letzterem niemand weiß, daß er einer, von ersterem jedermann, daß er keiner gewesen.

Das Recht historischer Bildungen und poe=tischer Freiheit halten wir in Ehren. Wir begreifen, warum Aristophanes in den „Wespen" einen feingebildeten Geist „den Weisen und Musikalischen" (σοφὸν καὶ μουσικόν) nennt, und finden den Aus=

druck Graf Reinhardts sinnig, Oehlenschläger habe „musikalische Augen". Wissenschaftliche Betrachtungen jedoch dürfen der Musik nie einen andern Begriff beilegen oder voraussetzen, als den ästhetischen, wenn nicht alle Hoffnung zur einstigen Feststellung dieser zitternden Wissenschaft aufgegeben werden soll.

VI.

Die Beziehungen der Tonkunst zur Natur.

Das Verhältnis zur Natur ist für jedes Ding das Erste, das Ehrwürdigste und das Einflußreichste. Wer auch nur flüchtig an den Puls der Zeit gefühlt, der weiß, wie die Herrschaft dieser Erkenntnis in mächtigem Anwachsen begriffen ist. Durch die moderne Forschung geht ein so starker Zug nach der Naturseite aller Erscheinungen, daß selbst die abstraktesten Untersuchungen merklich gegen die Methode der Naturwissenschaften gravitieren. Auch die Ästhetik, will sie kein bloßes Scheinleben führen, muß die knorrige Wurzel kennen, wie die zarte Faser, an welcher jede einzelne Kunst mit dem Naturgrunde zusammenhängt. Und gerade für die musikalische Ästhetik erschließt das Verhältnis der Tonkunst zur Natur die wichtigsten

12*

Folgerungen. Die Stellung ihrer schwierigsten
Materien, die Lösung ihrer kontroversesten Fragen
hängt von der richtigen Würdigung dieses Zu=
sammenhanges ab.

Die Künste, — vorerst als empfangend, noch
nicht als rückwirkend betrachtet — stehen zu der
umgebenden Natur in einer doppelten Beziehung.
Erstens durch das rohe, körperliche Material, aus
welchem sie schaffen, dann durch den schönen Inhalt,
den sie für künstlerische Behandlung vorfinden. In
beiden Punkten verhält sich die Natur zu den
Künsten als mütterliche Spenderin der ersten und
wichtigsten Mitgift. Es gilt den Versuch, diese
Ausstattung im Interesse der musikalischen Ästhetik
rasch zu besichtigen und zu prüfen, was die ver=
nünftig und darum ungleich schenkende Natur für
die Tonkunst gethan hat.

Untersucht man, inwiefern die Natur Stoff
für die Musik biete, so ergiebt sich, daß sie dies
nur in dem Sinn des rohen Materials thut,
welches der Mensch zum Tönen zwingt. Das
stumme Erz der Berge, das Holz des Waldes,
der Tiere Fell und Gedärm sind alles, was wir
vorfinden, um den eigentlichen Baustoff für die

Mufik, den reinen Ton zu bereiten. Wir erhalten
also vorerst nur Material zum Material, dies letz=
tere ist der reine, nach Höhe und Tiefe bestimmte,
d. i. meßbare Ton. Er ist erste und unumgäng=
liche Bedingung jeder Mufik. Diese gestaltet
ihn zu Melodie und Harmonie, den zwei
Hauptfaktoren der Tonkunst. Beide finden sich
in der Natur nicht vor, sie sind Schöpfungen des
Menschengeistes.

Das geordnete Nacheinanderfolgen meßbarer
Töne, welches wir Melodie nennen, vernehmen
wir in der Natur auch nicht in den dürftigsten
Anfängen; ihre successiven Schallerscheinungen ent=
behren der verständlichen Proportion und entziehen
sich der Reduktion auf unsere Skala. Die Melodie
aber ist „der springende Punkt“, das Leben, die erste
Kunstgestalt des Tonreichs, an sie ist jede weitere
Bestimmtheit, alle Erfassung des Inhalts geknüpft.

Ebensowenig wie Melodie kennt die Natur,
diese großartige Harmonie aller Erscheinungen,
Harmonie im musikalischen Sinn, als Zusammen=
klingen bestimmter Töne. Hat jemand in der Natur
einen Dreiklang gehört, einen Sext= oder Septim=
akkord? Wie die Melodie, so war auch (nur in

viel langsamerem Fortschreiten) die Harmonie ein
Erzeugnis menschlichen Geistes.

Die Griechen kannten keine Harmonie, sondern
sangen in der Oktave oder im Einklang, wie noch
heutzutage jene asiatischen Völkerschaften, bei wel=
chen überhaupt Gesang angetroffen wird. Der Ge=
brauch der Dissonanzen (wozu auch Terz und
Sext gehörten) begann allmählich vom 12. Jahr=
hundert an, und bis ins 15. beschränkte man sich
bei Ausweichungen auf die Oktave. Jedes der
Intervalle, die jetzt unsere Harmonie dienstbar
sind, mußte einzeln gewonnen werden, und oft
reichte ein Jahrhundert nicht hin für solch kleine
Errungenschaft. Das kunstgebildetste Volk des Alter=
tums, sowie die gelehrtesten Tonsetzer des früheren
Mittelalters konnten nicht, was unsere Hirtinnen
auf der entlegensten Alp: in Terzen singen. Durch
die Harmonie aber ist der Tonkunst nicht etwa
ein neues Licht aufgegangen, sondern es ist zum
erstenmal Tag geworden. „Die ganze Tonschöpfung
wurde von dieser Zeit an erst ausgeboren."
(Nägeli.)

Harmonie und Melodie fehlen also in der
Natur. Nur ein drittes Element in der Musik,

dasjenige, von dem die beiden erſten getragen
werden, exiſtiert ſchon vor und außer dem Men=
ſchen: der Rhythmus. Im Galopp des Pferdes,
dem Klappern der Mühle, dem Geſang der Amſel
und Wachtel äußert ſich eine Einheit, zu welcher
aufeinanderfolgende Zeitteilchen ſich zuſammenfaſſen
und ein anſchauliches Ganze bilden. Nicht alle, aber
viele Lautäußerungen der Natur ſind rhythmiſch.
Und zwar herrſcht in ihr das Geſetz des zwei=
teiligen Rhythmus, als Hebung und Senkung,
Anlauf und Auslauf. Was dieſen Naturrhythmus
von der menſchlichen Muſik trennt, muß alsbald
auffallen. In der Muſik giebt es nämlich keinen
iſolierten Rhythmus als ſolchen, ſondern nur Me=
lodie und Harmonie, welche rhythmiſch ſich äußert.
In der Natur dagegen trägt der Rhythmus weder
Melodie noch Harmonie, ſondern nur unmeßbare
Luftſchwingungen. Der Rhythmus, das einzige
muſikaliſche Urelement in der Natur, iſt auch das
erſte, ſo im Menſchen erwacht, im Kinde, im Wilden
am früheſten ſich entwickelt. Wenn die Südſee=
Inſulaner mit Metallſtücken und Holzſtäben rhyth=
miſch klappern und dazu ein unfaßliches Geheul
ausſtoßen, ſo iſt das natürliche Muſik, denn es

ift eben keine Muſik. Was wir aber einen Tiroler
Bauer ſingen hören, zu welchem anſcheinend keine
Spur von Kunſt gedrungen, iſt durchaus künſt=
liche Muſik. Der Mann meint freilich, er ſinge
wie ihm der Schnabel gewachſen iſt: aber damit
dies möglich wurde, mußte die Saat von Jahr=
hunderten wachſen.

Wir hätten ſomit die notwendigen Elemen=
tarbeſtandteile unſerer Muſik betrachtet und ge=
funden, daß der Menſch von der ihn umgebenden
Natur nicht muſizieren lernte. In welcher Art und
Folge ſich unſer heutiges Tonſyſtem ausgebildet
hat, lehrt die Geſchichte der Tonkunſt. Wir haben
dieſe Nachweiſung vorauszuſetzen und nur ihr Er=
gebnis feſtzuhalten, daß Melodie und Harmonie,
daß unſere Intervallenverhältniſſe und Tonleiter,
die Teilung von Dur und Moll nach der ver=
ſchiedenen Stellung des Halbtons, endlich die
ſchwebende Temperatur, ohne welche unſere (euro=
päiſch=abendländiſche) Muſik unmöglich wäre, lang=
ſam und allmählich entſtandene Schöpfungen des
menſchlichen Geiſtes ſind. Die Natur hat dem Men=
ſchen nur die Organe und die Luſt zum Singen
mitgegeben, dazu die Fähigkeit, ſich auf Grundlage

der einfachsten Verhältnisse nach und nach ein Ton=
system zu bilden. Nur diese einfachsten Verhält=
nisse (Dreiklang, harmonische Progression) werden
als unwandelbare Grundpfeiler jedem künftigen
Weiterbau bleiben. — Man hüte sich vor der
Verwechselung, als o b d i e f e s (gegenwärtige) T o n =
f y ft e m f e l b ft notwendig in der Natur läge. Die
Erfahrung, daß selbst Naturalisten heutzutage mit
den mufikalischen Verhältnissen unbewußt und leicht
hantieren wie mit angeborenen Kräften, die sich
von selbst verstehen, stempelt die herrschenden Ton=
gefetze keineswegs zu Naturgesetzen; es ist dies be=
reits Folge der unendlich verbreiteten mufikalischen
Kultur. Hand bemerkt ganz richtig, daß darum
auch unsere Kinder in der Wiege schon besser singen
als erwachsene Wilde. „Läge die Tonfolge der
Musik in der Natur fertig vor, so fänge auch jeder
Mensch immer rein." *)

*) Hand, Ästh. b. T. I. 50. Ebendaselbst wird passend
angeführt, daß die Gälen in Schottland mit den indischen
Völkerstämmen den Mangel der Quart und Septime teilen,
die Folge ihrer Töne also c d e g a c lautet. Bei den körper=
lich sehr ausgebildeten Patagoniern im südlichen Amerika
findet sich keine Spur von Musik oder Gesang. — Sehr
gründlich und im Resultat ganz übereinstimmend mit dem

Wenn man unſer Tonſyſtem ein „künſtliches"
nennt, ſo gebraucht man dies Wort nicht in dem
raffinierten Sinn einer willkürlichen konventionellen
Erfindung. Es bezeichnet bloß ein Gewordenes
im Gegenſatz zum Erſchaffenen.

Dies überſieht Hauptmann, wenn er den
Begriff eines künſtlichen Tonſyſtems einen „durch=
aus nichtigen" nennt, „indem die Muſiker eben=
ſowenig haben Intervalle beſtimmen und ein
Tonſyſtem erfinden können, als die Sprachgelehrten
die Worte der Sprache und die Sprachfügung
erfunden haben".*) Gerade die Sprache iſt in
demſelben Sinne wie die Muſik ein künſtliches
Erzeugnis, indem beide nicht in der äußeren
Natur vorgebildet liegen, ſondern allmählich ge=
worden ſind und erlernt werden müſſen. Nicht
die Sprachgelehrten, aber die Nationen bilden ſich
ihre Sprache nach ihrem Charakter und ändern
ſie vervollkommnend immerfort. So haben auch

Obigen iſt die Entwickelung unſeres Tonſyſtems neuerdings
von Helmholtz („Lehre von den Tonempfindungen") dar=
gelegt worden.

*) M. Hauptmann, Die Natur der Harmonik und
Metrik. 1853. S. 7.

die „Tongelehrten" unsere Musik nicht „errichtet", sondern lediglich das fixiert und begründet, was der allgemeine, musikalisch befähigte Geist mit Vernünftigkeit, aber nicht mit Notwendigkeit un= bewußt ersonnen hatte.*) Aus diesem Prozeß ergiebt sich, daß auch unser Tonsystem im Zeit= verlauf neue Bereicherungen und Veränderungen erfahren wird. Doch sind innerhalb der gegen= wärtigen Gesetze noch so vielfache und große Evolutionen möglich, daß eine Änderung im Wesen des Systems sehr fernliegend erscheinen dürfte. Bestände z. B. die Bereicherung in der „Emanizipation der Vierteltöne", wovon eine mo= derne Schriftstellerin schon Andeutungen bei Chopin finden will,**) so würde Theorie, Kompositions= lehre und Ästhetik der Musik eine total andere. Der musikalische Theoretiker kann daher gegen= wärtig den Ausblick auf diese Zukunft noch kaum

---

*) Unsere Ansicht stimmt mit den Forschungen Jacob Grimms, welcher u. a. andeutet: „Wer nun die Überzeugung gewonnen hat, daß die Sprache freie Menschenerfindung war, wird auch nicht zweifeln über die Quelle der Poesie und Tonkunst." (Ursprung der Sprache. 1852.)

**) Johanna Kinkel, Acht Briefe über Klavier= unterricht. 1852, Cotta.

anders frei lassen, als durch die einfache An=
erkennung ihrer Möglichkeit.

Unserem Ausspruch, es gebe keine Musik in
der Natur, wird man den Reichtum mannigfaltiger
Stimmen einwenden, welche die Natur so wunder=
bar beleben. Sollte das Rieseln des Baches, das
Klatschen der Meereswellen, der Donner der
Lawinen, das Stürmen der Windsbraut nicht
Anlaß und Vorbild der menschlichen Musik ge=
wesen sein? Hatten all' die lispelnden, pfeifenden,
schmetternden Laute mit unserem Musikwesen nichts
zu schaffen? Wir müssen in der That mit Nein
antworten. Alle diese Äußerungen der Natur
sind lediglich Schall und Klang, d. h. in un=
gleichen Zeitteilen aufeinander folgende Luftschwin=
gungen. Höchst selten und dann nur isoliert bringt
die Natur einen Ton hervor, d. i. einen Klang
von bestimmter, meßbarer Höhe und Tiefe. Töne
sind aber die Grundbedingungen aller Musik.
Mögen diese Klangäußerungen der Musik noch so
mächtig oder reizend das Gemüt anregen, sie sind
keine Stufe zur menschlichen Musik, sondern ledig=
lich elementarische Andeutungen einer solchen, welche
allerdings später für die ausgebildete menschliche

Musik oft sehr kräftige Anregungen bieten. Selbst
die reinste Erscheinung des natürlichen Tonlebens,
der Vogelgesang, steht zur menschlichen Musik in
keinem Bezug, da er unserer Skala nicht angepaßt
werden kann. Auch das Phänomen der Natur-
harmonie — jedenfalls die einzige und unumstöß-
liche Naturgrundlage, auf welcher die Hauptverhält-
nisse unserer Musik beruhen — ist auf seine richtige
Bedeutung zurückzuführen. Die harmonische Progression erzeugt sich auf der gleichbesaiten Äols-
harfe von selbst, gründet also auf einem Natur-
gesetz, allein das Phänomen selbst hört man
nirgend von der Natur unmittelbar erzeugt. Sobald nicht auf einem musikalischen Instrument ein
bestimmter, meßbarer Grundton angeschlagen wird,
erscheinen auch keine sympathischen Nebentöne, keine
harmonische Progression. Der Mensch muß also
fragen, damit die Natur Antwort gebe. Die Erscheinung des Echo erklärt sich noch einfacher. Es
ist merkwürdig, wie selbst tüchtige Schriftsteller sich
von dem Gedanken einer eigentlichen „Musik" in der
Natur nicht losmachen können. Selbst Hand, von
dem wir absichtlich früher Beispiele zitierten, welche
seine richtige Einsicht in das inkommensurable,

kunstunfähige Wesen der natürlichen Schallerschei=
nungen darthun, bringt ein eigenes Kapitel „von
der Musik der Natur", deren Schallerscheinungen
„gewissermaßen" auch Musik genannt werden
müssen. Ebenso Krüger.*) Wo es sich aber um
Prinzipienfragen handelt, da giebt es kein „ge=
wissermaßen"; was wir in der Natur vernehmen,
ist entweder Musik, oder es ist keine Musik.
Das entscheidende Moment kann nur in die Meß=
barkeit des Tons gelegt werden. Hand legt den
Nachdruck überall auf die „geistige Beseelung",
„den Ausdruck inneren Lebens, innerer Empfin=
dung", „die Kraft der Selbstthätigkeit, wodurch
unmittelbar ein Inneres zur Aussprache gelangt".
Nach diesem Prinzip müßte der Vogelgesang
Musik genannt werden, die mechanische Spieluhr
hingegen nicht; während gerade das Entgegen=
gesetzte wahr ist.

Die „Musik" der Natur und die Tonkunst
des Menschen sind zwei verschiedene Gebiete.
Der Übergang von der ersten zur zweiten geht
durch die Mathematik. Ein wichtiger, folgen=

---

*) Beiträge für Leben und Wissenschaft der Tonkunst,
S. 149 ff.

reicher Satz. Freilich darf man ihn nicht so
denken, als hätte der Mensch seine Töne durch
absichtlich angestellte Berechnungen geordnet; es ge=
schah dies vielmehr durch unbewußte Anwendung ur=
sprünglicher Größen= und Verhältnisvorstellungen
durch ein verborgenes Messen und Zählen, dessen
Gesetzmäßigkeit erst später die Wissenschaft kon=
statierte.

Dadurch, daß in der Musik alles kommen=
surabel sein muß, in den Naturlauten aber nichts
kommensurabel ist, stehen diese beiden Schallreiche
fast unvermittelt nebeneinander. Die Natur giebt
uns nicht das künstlerische Material eines fertigen,
vorgebildeten Tonsystems, sondern nur den rohen
Stoff der Körper, die wir der Musik dienstbar
machen. Nicht die Stimmen der Tiere, sondern
ihre Gedärme sind uns wichtig, und das Tier,
dem die Musik am meisten verdankt, ist nicht die
Nachtigall, sondern das Schaf.

Nach dieser Untersuchung, welche für das
Verhältnis des Musikalisch=Schönen nur ein Unter=
bau, aber ein notwendiger war, heben wir uns
eine Stufe höher, auf ästhetisches Gebiet.

Der meßbare Ton und das geordnete Tonsystem

sind erst, womit der Komponist schafft, nicht was
er schafft. Wie Holz und Erz nur „Stoff" waren
für den Ton, so ist der Ton nur „Stoff" (Material)
für die Musik. Es giebt noch eine dritte und
höhere Bedeutung von „Stoff": Stoff im Sinne
des behandelten Gegenstandes, der dargestellten
Idee, des Sujets. Woher nimmt der Komponist
diesen Stoff? Woher erwächst einer bestimmten
Tondichtung der Inhalt, der Gegenstand, welcher
sie als Individuum hinstellt und von andern
unterscheidet?

Die Poesie, die Malerei, die Skulptur
haben ihren unerschöpflichen Quell von Stoffen in
der uns umgebenden Natur. Der Künstler findet
sich durch irgend ein Naturschönes angeregt, es
wird ihm Stoff zu eigner Hervorbringung.

In den bildenden Künsten ist das Vor=
schaffen der Natur am auffallendsten. Der Maler
könnte keinen Baum, keine Blume zeichnen, wenn
sie nicht schon in der äußeren Natur vorgebildet
wären; der Bildhauer keine Statue, ohne die
wirkliche Menschengestalt zu kennen und zum Muster
zu nehmen. Dasselbe gilt von erfundenen Stoffen.
Sie können nie im strengen Sinn „erfunden" sein.

Besteht nicht die „ideale" Landschaft aus Felsen, Bäumen, Wasser und Wolkenzügen, lauter Dingen, die in der Natur vorgebildet sind? Der Maler kann nichts malen, was er nicht gesehen und genau beobachtet hat. Gleichviel ob er eine Land= schaft malt oder ein Genrebild, ein Historien= gemälde erfindet. Wenn uns Zeitgenossen einen „Huß", „Luther", „Egmont" malen, so haben sie ihren Gegenstand nie wirklich gesehen, aber für jeden Bestandteil desselben müssen sie das Vorbild genau der Natur entnommen haben. Der Maler muß nicht d i e s e n Mann, aber er muß viele Männer gesehen haben, wie sie sich bewegen, stehen, gehen, beleuchtet werden, Schatten werfen; der gröbste Vorwurf wäre gewiß die Unmöglichkeit oder Natur= widrigkeit seiner Figuren.

Dasselbe gilt von der D i c h t k u n st, welche ein noch weit größeres Feld naturschöner Vorbilder hat. Die Menschen und ihre Handlungen, Gefühle, Schicksale, wie sie uns durch eigene Wahrnehmungen oder durch Tradition — denn auch diese gehört zu dem Vorgefundenen, dem Dichter Dargebotenen — gebracht werden, sind Stoff für das Gedicht, die Tragödie, den Roman. Der Dichter kann keinen

Sonnenaufgang, kein Schneefeld beschreiben, keinen
Gefühlszustand schildern, keinen Bauer, Soldaten,
Geizigen, Verliebten auf die Bühne bringen, wenn
er nicht die Vorbilder dazu in der Natur gesehen
und studiert oder durch richtige Traditionen so in
seiner Phantasie belebt hat, daß sie die unmittel=
bare Anschauung ersetzen.

Stellen wir nun diesen Künsten die Musik
entgegen, so erkennen wir, daß sie ein Vorbild,
einen Stoff für ihre Werke nirgend vorfindet.

Es giebt kein Naturschönes für die
Musik.

Diesen Unterschied zwischen der Musik und
den übrigen Künsten (nur die Baukunst findet
gleichfalls kein Vorbild in der Natur) ist tiefgehend
und folgenschwer.

Das Schaffen des Malers, des Dichters ist
ein stetes (inneres oder wirkliches) Nachzeichnen,
Nachformen, — etwas nachzumusizieren giebt
es in der Natur nicht. Die Natur kennt keine
Sonate, keine Ouverture, kein Rondo. Wohl aber
Landschaften, Genrebilder, Idyllen, Trauerspiele.
Der aristotelische Satz von der Naturnachahmung
in der Kunst, welcher noch bei den Philosophen

des vorigen Jahrhunderts gang und gäbe war,
ist längst berichtigt und bedarf, bis zum Überdruß
abgedroschen, hier keiner weiteren Erörterung.
Nicht sklavisch nachbilden soll die Kunst die Natur,
sie hat sie umzubilden. Der Ausdruck zeigt
schon, daß vor der Kunst etwas da sein mußte,
was umgebildet wird. Dies ist eben das von der
Natur dargebotene Vorbild, das Naturschöne.
Der Maler findet sich von einer reizenden Land=
schaft, einer Gruppe, einem Gedicht, der Dichter
von einer historischen Begebenheit, einem Erlebnis,
zur künstlichen Darstellung des Vorgefundenen
veranlaßt. Bei welcher Naturbetrachtung könnte
aber der Tonsetzer jemals ausrufen: das ist ein
prächtiges Vorbild für eine Ouverture, eine Sym=
phonie! Der Komponist kann gar nichts umbilden,
er muß alles neu erschaffen. Was der Maler,
der Dichter in Betrachtung des Naturschönen fin=
det, das muß der Komponist durch Concentration
seines Innern herausarbeiten. Er muß der guten
Stunde warten, wo es in ihm anfängt zu singen
und zu klingen: da wird er sich versenken und
aus sich heraus etwas schaffen, was in der Natur
nicht seinesgleichen hat und daher auch, ungleich

den andern Künsten, geradezu nicht von dieser
Welt ist.

Es unterliegt keineswegs eine parteiische Be=
griffsbestimmung, wenn wir zu dem „Naturschönen"
für den Maler und Dichter den M e n s ch e n hin=
zurechneten, für den Musiker hingegen den kunst=
voll aus der Menschenbrust quellenden Gesang
verschwiegen. Der singende Hirt ist nicht Objekt,
sondern schon Subjekt der Kunst. Besteht sein Lied
aus meßbaren, geordneten, wenn noch so einfachen
Tonfolgen, so ist's ein Produkt des Menschengeistes,
ob es nun ein Hirtenjunge erfunden hat oder
Beethoven.

Wenn daher ein Komponist wirkliche National=
melodien benützt, so ist dies kein Naturschönes, denn
man muß bis zu einem zurückgehen, der sie er=
funden hat, — woher hatte sie dieser? Fand e r
ein Vorbild dafür in der Natur? Dies ist die
berechtigte Frage. Die Antwort kann nur ver=
neinend lauten. Der Volksgesang ist kein Vorge=
fundenes, kein Naturschönes, sondern die erste Stufe
wirklicher Kunst, n a i v e K u n st. Er ist für die
Tonkunst ebensowenig ein von der Natur erzeugtes
Vorbild, wie die mit Kohle an Wachtstuben und

Schuttböden geschmierten Blumen und Soldaten natürliche Vorbilder für die Malerei sind. Beides ist menschliches Kunstprodukt. Für die Kohlenfiguren lassen die Vorbilder in der Natur sich nachweisen, für den Volksgesang nicht; man kann nicht h i n t e r ihn zurückgehen.

Zu einer sehr gangbaren Verwirrung gelangt man, wenn man den Begriff des „Stoffs" für die Musik in einem angewandten, höheren Sinne nimmt und darauf hinweist, daß Beethoven wirklich eine Ouverture zu Egmont, — oder damit das Wört= chen „zu" nicht an dramatische Zwecke mahne, — eine Musik „Egmont" geschrieben hat, Berlioz einen „König Lear", Mendelssohn eine „Melusina". Haben diese Erzählungen, fragt man, dem Ton= dichter nicht ebenso den Stoff geliefert wie dem Dichter? Keineswegs. Dem Dichter sind diese Gestalten wirkliches Vorbild, das er umbildet, dem Komponisten bieten sie bloß A n r e g u n g, und zwar p o e t i s c h e Anregung. Das Naturschöne für den Tondichter müßte ein H ö r b a r e s sein, wie es für den Maler ein Sichtbares, für den Bildhauer ein Greifbares ist. Nicht die Gestalt Egmonts, nicht seine Thaten, Erlebnisse, Gesinnungen sind Inhalt der Beethovenschen Ouverture, wie dies im Bilde „Egmont", im Drama „Egmont" der Fall ist. Der Inhalt der Ouverture sind Tonreihen, welche der Komponist vollkommen frei nach musi= kalischen Denksetzen aus sich erschuf. Sie sind für die ästhetische Betrachtung ganz unabhängig und selbständig von der Vorstellung „Egmont", mit welcher sie lediglich die poetische Phantasie des Tonsetzers in Zusammenhang gebracht hat, sei es, daß diese Vorstellung auf eine unerforschliche Weise den Keim zur Erfindung jener Tonreihen gelegt hat, sei es, daß er diese nachträglich seinem Vorwurf entsprechend fand. Dieser Zusammen= hang ist so lose und willkürlich, das niemals ein Hörer des Musikstückes auf dessen angeblichen Gegenstand verfallen würde, wenn nicht der Autor durch die ausdrückliche Benennung unserer Phantasie im vorhinein die bestimmte Richtung oktroyierte. Berlioz' düstere Ouverture hängt an und für sich mit der Vorstellung „König Lear" ebensowenig zusammen, als ein Straußscher Walzer. Man kann das nicht scharf genug aussprechen, da hierüber die irrigsten Ansichten allgemein sind. Erst mit dem Augenblick erscheint der Straußsche

Walzer der Vorstellung „König Lear" wider=
sprechend, die Berliozsche Ouverture hingegen ent=
sprechend, wo wir diese Musiken mit jener Vor=
stellung vergleichen. Allein eben zu dieser Ver=
gleichung existiert kein innerer Anlaß, sondern nur
eine ausdrückliche Nötigung vom Autor. Durch
eine bestimmte Überschrift werden wir zur Ver=
gleichung des Musikstückes mit einem außer ihm
stehenden Objekt genötigt, wir müssen es mit einem
bestimmten Maßstab messen, welcher nicht der
musikalische ist.

Man darf dann vielleicht sagen, Beethovens
Ouverture „Prometheus" sei zu wenig großartig
für diesen Vorwurf. Allein nirgend kann man ihr
von innen her beikommen, nirgend ihr eine musi=
kalische Lücke oder Mangelhaftigkeit nachweisen. Sie
ist vollkommen, weil sie ihren musikalischen In=
halt vollständig ausführt; ihr dichterisches Thema
analog auszuführen ist eine zweite, ganz verschiedene
Forderung. Diese entsteht und verschwindet mit
dem Titel. Überdies kann ein solcher Anspruch
an ein Tonwerk mit bestimmter Überschrift nur auf
gewisse charakteristische Eigenschaften lauten: daß
die Musik erhaben oder niedlich, düster oder froh

klinge, von einfacher Exposition zu betrübtem Ab=
schluß sich entwickle u. s. w. An die Dichtkunst
oder Malerei stellt der Stoff die Forderung einer
bestimmten konkreten Individualität, nicht bloßer
Eigenschaften. Darum wäre es recht wohl denkbar,
daß Beethovens Ouverture zu „Egmont" ebenfalls
„Wilhelm Tell" oder „Jeanne d'Arc" überschrie=
ben sein könnte. Das Drama Egmont, das Bild
Egmont lassen höchstens die Verwechslung zu,
daß dies ein anderes Individuum in den gleichen
Verhältnissen, nicht aber, daß es ganz andere Ver=
hältnisse sind.

Man sieht, wie eng das Verhältnis der Musik
zum Naturschönen mit der ganzen Frage von ihrem
Inhalt zusammenhängt.

Noch einen Einwand wird man aus der musi=
kalischen Litteratur herholen, um der Musik ein
Naturschönes zu vindizieren. Beispiele nämlich,
daß Tonsetzer aus der Natur nicht bloß den
poetischen Anlaß geschöpft (wie in obigen Historien),
sondern wirklich hörbare Äußerungen ihres Ton=
lebens direkt nachgebildet haben: der Hahnenruf
in Haydns Jahreszeiten, Kuckuck, Nachtigall= und
Wachtelschlag in Spohrs „Weihe der Töne" und

in Beethovens Pastoralsymphonie. Allein wenn
wir gleich diese Nachahmung hören und in einem
musikalischen Kunstwerk hören, so haben sie
doch darin keine musikalische Bedeutung, sondern eine
poetische. Es soll uns der Hahnenschrei alsdann
nicht als schöne Musik, oder überhaupt als Musik
vorgeführt, sondern nur der Eindruck zurückgerufen
werden, welcher mit jener Naturerscheinung zu=
sammenhängt. „Ich habe Haydns Schöpfung —
gesehen beinahe," schreibt Jean Paul nach einer
Aufführung dieses Tonwerks an Thieriot. All=
gemein bekannte Stichwörter, Citate sind es, welche
uns erinnern: es ist früher Morgen, laue Sommer=
nacht, Frühling. Ohne diese bloß beschreibende Ten=
denz hat nie ein Komponist Naturstimmen direkt zu
wirklichen musikalischen Zwecken verwenden können.
Ein Thema können alle Naturstimmen der Erde
zusammen nicht hervorbringen, eben weil sie
keine Musik sind,*) und bedeutungsvoll erscheint

---

*) Von diesem Mißverständnis, den Naturlaut un=
mittelbar realistisch in das Kunstwerk zu übertragen —
was, wie O. Jahn treffend bemerkt, nur in seltenen Fällen
als Scherz zugestanden werden kann, ist es ja gänzlich
verschieden und sollte eigentlich nicht Malerei genannt
werden, wenn gewisse in der Natur gegebene, durch ihren

es, daß die Tonkunst von der Natur nur Ge=
brauch machen kann, wenn sie in die Malerei
pfuscht.

---

rhythmischen oder klanglichen Charakter halb musikalisch
wirkende Elemente, wie sie im Rauschen und im Plätschern
des Wassers, im Vogelgesang, in Wind und Wetter, im
Schwirren der Pfeile, im Schnurren des Spinnrads u. dgl.
enthalten sind, von den Komponisten — nicht etwa „nach=
geahmt" werden, sondern ihnen Impulse zu Motiven von
selbständiger Schönheit hergeben, welche sie künstlerisch
frei concipieren und durchführen. „Dieses Rechts bedient
sich der Dichter in der Sprache wie im Rhythmus; in der
Musik greift es aber noch viel weiter, weil der musikalischen
Elemente viele durch die ganze Natur zerstreut sind," und
herrliche Beispiele aus unseren klassischen nicht minder wie
aus unseren modernen Komponisten (die nur ungleich
raffinierter verfahren als jene) sind jedem in Fülle gegen=
wärtig.

Die Begriffe „Inhalt" und „Form" in der Musik.

Hat die Musik einen Inhalt?

So lautet, seit man gewohnt ist, über unsere Kunst nachzudenken, ihre hitzigste Streitfrage. Sie wurde für und wider entschieden. Gewichtige Stimmen behaupten die Inhaltlosigkeit der Musik, sie gehören beinahe durchaus den Philosophen: Rousseau, Kant, Hegel, Herbart*) Kahlert u. a. Von den zahlreichen Physiologen, welche diese Überzeugungen unterstützen, sind uns die durch

---

*) Auf Herbartschen Grundlagen hat in neuester Zeit Robert Zimmermann in seiner „Allgemeinen Ästhetik als Formwissenschaft" (Wien 1865) das formale Prinzip in strenger Konsequenz in allen Künsten, somit auch in der Musik, durchgeführt.

musikalische Bildung hervorragenden Denker Lotze und Helmholtz die wichtigsten. Die ungleich zahl= reicheren Kämpfer fechten für den Inhalt der Ton= kunst! es sind die eigentlichen Musiker unter den Schriftstellern, und das Gros der allgemeinen Über= zeugung steht zu ihnen.

Fast mag es seltsam erscheinen, daß gerade diejenigen, welchen die technischen Bestimmungen der Musik vertraut sind, sich nicht von dem Irr= tum einer diesen Bedingungen widersprechenden Ansicht lossagen mögen, die man eher den abstrakten Philosophen verzeihen könnte. Das kommt daher, weil es vielen Musikschriftstellern in diesem Punkt mehr um die vermeintliche Ehre ihrer Kunst, als um die Wahrheit zu thun ist. Sie befehden die Lehre von der Inhaltlosigkeit der Musik nicht wie Meinung gegen Meinung, sondern wie Ketzerei gegen Dogma. Die gegnerische Ansicht erscheint ihnen als unwürdiges Mißverstehen, als grober frevelnder Materialismus. „Wie, die Kunst, die uns hoch erhebt und begeistert, der so viele edle Geister ihr Leben gewidmet, die den höchsten Ideen dienstbar werden kann, sie sollte mit dem Fluch der Inhaltlosigkeit beladen sein, bloßes Spielwerk

der Sinne, leeres Geklingel!?" Mit derlei viel=
gehörten Ausrufungen, wie sie meist koppelweise
losgelassen werden, obwohl ein Satz zum andern
nicht gehört, wird nichts widerlegt noch bewiesen.
Es handelt sich hier um keinen Ehrenpunkt, kein
Parteizeichen, sondern einfach um die Erkenntnis
des Wahren, und zu dieser zu gelangen, muß man
sich vor allem über die Begriffe klar sein, die man
bestreitet.

Die Verwechslung der Begriffe: Inhalt,
Gegenstand, Stoff ist es, was in der Materie
so viel Unklarheit verursacht hat und noch immer
veranlaßt, da jeder für denselben Begriff eine
andere Bezeichnung gebraucht, oder mit dem
gleichen Wort verschiedene Vorstellungen verbindet.
„Inhalt" im ursprünglichen und eigentlichen
Sinne ist: was ein Ding enthält, in sich hält.
In dieser Bedeutung sind die Töne, aus welchen
ein Musikstück besteht, welche als dessen Teile es
zum Ganzen bilden, der Inhalt desselben. Daß
sich mit dieser Antwort niemand zufrieden stellen
mag, sie als etwas ganz Selbstverständliches ab=
fertigend, hat seinen Grund darin, daß man gemei=
niglich den „Inhalt" mit „Gegenstand" verwechselt.

Bei der Frage nach dem „Inhalt" der Musik hat man die Vorstellung von „Gegenstand" (Stoff, Sujet) im Sinne, welchen man als die Idee, das Ideale, den Tönen als „materiellen Bestandteilen" geradezu entgegensetzt. Einen Inhalt in dieser Bedeutung, einen Stoff im Sinne des behandelten Gegenstandes hat die Tonkunst in der That nicht. Kahlert stützt sich mit Recht nachdrücklich darauf, daß sich von der Musik nicht, wie vom Gemälde, eine „Wortbeschreibung" liefern läßt (Ästh. 380), wenngleich seine weitere Annahme irrig ist, daß solche Wortbeschreibung jemals eine „Abhilfe für den fehlenden Kunstgenuß" bieten könne. Aber eine erklärende Verständigung, um was es sich handelt, kann sie bieten. Die Frage nach dem „Was" des musikalischen Inhaltes müßte sich notwendig in Worten beantworten lassen, wenn das Musikstück wirklich einen „Inhalt" (einen Gegenstand) hätte. Denn ein „unbestimmter Inhalt", den sich jedermann als etwas anderes denken kann, der sich nur fühlen, nicht in Worten wiedergeben läßt, ist eben kein Inhalt in der genannten Bedeutung.

Die Musik besteht aus Tonreihen, Tonformen,

diese haben keinen andern Inhalt als sich selbst.
Sie erinnern abermals an die Baukunst und den
Tanz, die uns gleichfalls schöne Verhältnisse ohne
bestimmten Inhalt entgegenbringen. Mag nun die
Wirkung eines Tonstücks jeder nach seiner Indivi=
dualität anschlagen und benennen, der In h a l t
desselben ist keiner, als eben die gehörten Ton=
formen, denn die Musik spricht nicht bloß d u r ch
Töne, sie spricht auch n u r Töne.

K r ü g e r, wohl der kenntnisreichste Verfechter
des musikalischen „Inhalts" gegen Hegel und
Kahlert, behauptet, die Musik gebe bloß eine
andere S e i t e desselben Inhalts, welcher den
übrigen Künsten, z. B. der Malerei zusteht. „Jede
plastische Gestalt," sagt er (Beiträge, 131), „ist
eine ruhende: sie giebt nicht die Handlung, sondern
die gewesene Handlung oder das Seiende. Also
nicht: Apollo überwindet, sagt das Gemälde aus,
sondern es zeigt den Überwinder, den zornigen
Kämpfer" 2c. Hingegen „die Musik giebt zu jenen
stillstehenden plastischen Substantiven das Verbum,
die Thätigkeit, das innere Wogen hinzu, und wenn
wir dort als den wahren ruhenden Inhalt erkannt
haben: zürnend, liebend, so erkennen wir hier

nicht minder den wahren bewegenden Inhalt: zürnt, liebt, rauscht, wogt, stürmt." Letzteres ist nur bis zur Hälfte richtig: „rauschen, wogen und stürmen" kann die Musik, aber „zürnen" und „lieben" kann sie nicht. Das sind schon hinein= gefühlte Leidenschaften. Wir müssen hier auf unser zweites Kapitel zurückweisen. Krüger fährt fort, der Bestimmtheit des gemalten Inhalts die des musizierten an die Seite zu stellen. Er sagt: „Der Bildner stellt Orest von Furien ver= folgt dar: es erscheint auf der Außenfläche seines Leibes, in Auge, Mund, Stirn und Haltung der Ausdruck des Flüchtigen, Düstern, Verzweifelten, neben ihm die Gestalten des Fluchs, die ihn be= herrschen, in gebietender, furchtbarer Hoheit, eben= falls äußerlich in verharrenden Umrissen, Gesichts= zügen, Stellungen. Der Tonbichter stellt Orest den Verfolgten nicht im beruhenden Umriß hin, sondern nach der Seite, die dem Bildner fehlt: er singt das Grausen und Beben seiner Seele, die fliehend kämpfende Regung" u. s. f. Dies ist meines Erachtens ganz falsch. Der Tonkünstler kann den Orestes weder so noch so, er kann ihn gar nicht darstellen.

Man wende nicht ein, daß ja auch die
bildenden Künste uns die bestimmte, historische
Person nicht zu geben vermögen, und wir die
gemalte Gestalt nicht als dieses Individuum
erkennen würden, brächten wir nicht die Kenntnis
des Historisch=Thatsächlichen hinzu. Freilich ist es
nicht Orest, der Mann mit diesen Erlebnissen
und bestimmten biographischen Momenten; diesen
kann nur der Dichter darstellen, weil nur er zu
erzählen vermag. Allein das Bild „Orest" zeigt
uns doch unverkennbar einen Jüngling mit edlen
Zügen, in griechischem Gewand, Angst und Seelen=
pein in den Mienen und Bewegungen, es zeigt
uns die furchtbaren Gestalten der Rachegöttinnen,
ihn verfolgend und quälend. Dies alles ist klar,
unzweifelhaft, sichtlich erzählbar — ob nun der
Mann Orest heiße oder anders. Nur die Motive:
daß der Jüngling einen Muttermord begangen
u. s. w., sind nicht ausdrückbar. Was kann die
Tonkunst jenem sichtbaren (vom Historischen ab=
strahierten) Inhalt des Gemäldes an Bestimmt=
heit entgegensetzen? Verminderte Septimakkorde,
Mollthemen, wogende Bässe u. dgl., kurz musikalische
Formen, welche ebensogut ein Weib, anstatt eines

Jünglings, einen von Häschern anstatt von Furien
Verfolgten, einen Eifersüchtigen, Rachesinnenden,
einen von körperlichem Schmerz Gequälten, kurz
alles Erdenkliche bedeuten können, wenn man schon
das Tonstück etwas will bedeuten lassen.

Es bedarf wohl auch nicht der ausbrücklichen
Berufung auf den früher begründeten Satz, daß,
wenn vom Inhalt und der Darstellungsfähigkeit
der Tonkunst die Rede ist, nur von der reinen
Instrumentalmusik ausgegangen werden darf.
Niemand wird dies so weit vergessen, uns z. B.
den Orestes in Glucks „Iphigenia" einzuwenden.
Diesen „Orestes" giebt ja nicht der Komponist;
die Worte des Dichters, Gestalt und Mimik des
Darstellers, Kostüm und Dekorationen des Malers
— dies ist's, was den Orestes fertig hinstellt.
Was der Musiker hinzugiebt, ist vielleicht das
Schönste von allem, aber es ist gerade das
Einzige, was nichts mit dem wirklichen Orest zu
schaffen hat: Gesang.

Lessing hat mit wunderbarer Klarheit aus=
einandergesetzt, was der Dichter und was der
bildende Künstler, aus der Geschichte des Laokoon
zu machen vermag. Der Dichter, durch das

Mittel der Sprache, giebt den historischen, indi=
viduell bestimmten Laokoon, der Maler und Bild=
hauer hingegen einen Greis mit zwei Knaben
(von diesem bestimmten Alter, Aussehen, Kostüm
u. s. f.) von den furchtbaren Schlangen umwunden,
in Mienen, Stellung und Gebärden die Qual des
nahenden Todes ausdrückend. Vom Musiker sagt
Lessing nichts. Ganz begreiflich, denn nichts ist es
eben, was dieser aus dem Laokoon machen kann.

Wir haben bereits angedeutet, wie eng die
Frage nach dem Inhalt der Tonkunst mit deren
Stellung zum Naturschönen zusammenhängt. Der
Musiker findet nirgend das Vorbild für seine Kunst,
welches den anderen Künsten die Bestimmtheit und
Erkennbarkeit ihres Inhalts gewährleistet. Eine
Kunst, der das vorbildende Naturschöne abgeht, wird
im eigentlichen Sinne körperlos sein. Das Urbild
ihrer Erscheinungsform begegnet uns nirgend, fehlt
daher in dem Kreis unserer gesammelten Begriffe.
Es wiederholt keinen bereits bekannten, benannten
Gegenstand, darum hat Musik für unser in bestimmte
Begriffe gefaßtes Denken keinen nennbaren Inhalt.

Vom Inhalt eines Kunstwerkes kann eigent=
lich nur da die Rede sein, wo man diesen Inhalt

einer Form entgegenhält. Die Begriffe „Inhalt"
und „Form" bedingen und ergänzen einander.
Wo nicht eine Form von einem Inhalt dem
Denken trennbar erscheint, da existiert auch kein
selbständiger Inhalt. In der Musik aber sehen
wir Inhalt und Form, Stoff und Gestaltung,
Bild und Idee in dunkler, untrennbarer Einheit
verschmolzen. Dieser Eigentümlichkeit der Ton=
kunst, Form und Inhalt ungetrennt zu besitzen,
stehen die dichtenden und bildenden Künste schroff
gegenüber, welche denselben Gedanken, dasselbe
Ereignis in verschiedener Form darstellen können.
Aus der Geschichte des Wilhelm Tell machte
Florian einen historischen Roman, Schiller ein
Drama, Goethe begann sie als Epos zu bearbeiten.
Der Inhalt ist überall derselbe, in Prosa auf=
zulösende, erzählbare, erkennbare; die Form ist
verschieden. Die dem Meer entsteigende Aphrodite
ist der gleiche Inhalt unzähliger gemalter und
gemeißelter Kunstwerke, die durch die verschiedene
Form nicht zu verwechseln sind. Bei der Tonkunst
giebt es keinen Inhalt gegenüber der Form, weil
sie keine Form hat außerhalb des Inhalts. Be=
trachten wir dies näher.

Die selbständige, ästhetisch nicht weiter teilbare, musikalische Gedankeneinheit ist in jeder Komposition das T h e m a. Die primitiven Bestimmungen, die man der M u s i k als solcher zuschreibt, müssen sich immer schon am T h e m a, dem musikalischen Mikrokosmus, nachweisbar finden. Hören wir irgend ein Haupt= thema, z. B. zu Beethovens B-dur=Symphonie. Was ist dessen Inhalt? Was seine Form? Wo fängt diese an, wo hört jener auf? Daß ein bestimmtes Gefühl nicht Inhalt des Satzes sei, hoffen wir dargethan zu haben, und wird in diesem wie in jedem andern konkreten Fall nur immer einleuchtender erscheinen. Was also will man den I n h a l t nennen? Die Töne selbst? Gewiß; allein sie sind eben schon geformt. Was die F o r m? Wieder die Töne selbst, — sie aber sind schon e r f ü l l t e Form.

Jeder praktische Versuch, in einem Thema Form von Inhalt trennen zu wollen, führt auf Widerspruch oder Willkür. Zum Beispiel: wechselt ein Motiv, das von einem andern Instrument oder in einer höheren Oktave wiederholt wird, seinen Inhalt oder seine Form? Behauptet man, wie zu= meist geschieht, das letztere, so bliebe als I n h a l t des Motivs bloß die Intervallenreihe als solche, als Schema der Notenköpfe, wie sie in der Partitur dem Auge sich darstellt. Dies ist aber keine musikalische Bestimmtheit, sondern ein Abstraktum. Es verhält sich damit, wie mit den gefärbten Glas= fenstern eines Pavillons, durch welche man dieselbe Gegend rot, blau, gelb erblicken kann. Diese ändert hierdurch weder ihren Inhalt, noch ihre Form, sondern lediglich die Färbung. Solch zahlloser Farbenwechsel derselben Formen vom grellsten Kontrast bis zur feinsten Schattierung ist der Musik ganz eigentümlich und macht eine der reichsten und ausgebildetsten Seiten ihrer Wirk= samkeit aus.

Eine für Klavier entworfene Melodie, die ein zweiter später instrumentiert, bekommt durch ihn ebenfalls eine neue Form, aber nicht erst Form; sie ist schon geformter Gedanke. Noch weniger wird man behaupten wollen, ein Thema ändere durch Transposition seinen Inhalt und behalte die Form, da sich bei dieser Ansicht die Widersprüche verdoppeln und der Hörer augen= blicklich erwidern muß, er erkenne einen ihm be= kannten Inhalt, nur „klinge er verändert".

Bei ganzen Kompositionen, namentlich größerer
Ausdehnung, pflegt man freilich von deren Form
und Inhalt zu sprechen. Dann gebraucht man
aber diese Begriffe nicht in ihrem ursprünglichen
logischen Sinne, sondern schon in einer spezifisch
musikalischen Bedeutung. Die „Form" einer
Symphonie, Ouverture, Sonate, Arie, eines Chors ꝛc.
nennt man die Architektonik der verbundenen Einzel=
teile und Gruppen, aus welchen das Tonstück besteht,
näher also: die Symmetrie dieser Teile in ihrer
Reihenfolge, Kontrastierung, Wiederkehr und Durch=
führung. Als den Inhalt begreift man aber dann
die zu solcher Architektonik verarbeiteten Themen.
Hier ist also von einem Inhalt als „Gegenstand"
keine Rede mehr, sondern lediglich von einem musi=
kalischen. Bei ganzen Tonstücken wird daher
„Inhalt" und „Form" in einer künstlerisch an=
gewandten, nicht in der rein logischen Bedeutung
gebraucht; wollen wir diese an den Begriff der
Musik legen, so müssen wir nicht an einem ganzen,
daher zusammengesetzten Kunstwerk operieren, sondern
an dessen letztem, ästhetisch nicht weiter teilbarem
Kerne. Dies ist das Thema oder die Themen.
Bei diesen läßt sich in gar keinem Sinne Form

und Inhalt trennen. Will man jemand den „In=
halt" eines Motivs namhaft machen, so muß man
ihm das Motiv selbst vorspielen. So kann
also der Inhalt eines Tonwerks niemals gegen=
ständlich, sondern nur musikalisch aufgefaßt werden,
nämlich als das in jedem Musikstück konkret Er=
klingende. Da die Komposition formellen Schön=
heitsgesetzen folgt, so improvisiert sich ihr Verlauf
nicht in willkürlich planlosem Schweifen, sondern
entwickelt sich in organisch übersichtlicher Allmäh=
lichkeit wie reiche Blüten aus Einer Knospe.

Dies ist das **Hauptthema**, — der wahre
Stoff und Inhalt (Gegenstand) des ganzen Ton=
gebildes. Alles darin ist freie Folge und Wirkung
des Themas, durch dieses bedingt und gestaltet,
von ihm beherrscht und erfüllt. Es ist das selbst=
ständige Axiom, das zwar augenblicklich befriedigt,
aber von unserm Geist bestritten und entwickelt
gesehen werden will, was dann in der musikalischen
Durchführung, analog einer logischen Entwicklung
stattfindet. Wie die Hauptfigur eines Romans
bringt der Komponist das Thema, in die ver=
schiedensten Lagen und Umgebungen, in die wech=
selndsten Erfolge und Stimmungen, — alles andere

wenn noch so kontrastierend, ist in Bezug darauf
gedacht und gestaltet.

Inhaltlos werden wir demnach etwa jenes
freieste Präludieren nennen, bei welchem der Spieler,
mehr ausruhend, als schaffend, sich bloß in Akkorden,
Arpeggios, Rosalien ergeht, ohne eine selbständige
Tongestalt bestimmt hervortreten zu lassen. Solch
freie Präludien werden als Individuen nicht erkenn=
bar oder unterscheidbar sein, wir werden sagen
dürfen, sie haben (im weiteren Sinne) keinen Inhalt,
weil kein Thema.

Das Thema resp. die Themen eines Tonstückes
sind also sein wesentlicher Inhalt.

In Ästhetik und Kritik wird auf das Haupt=
thema einer Komposition lange nicht das gehörige
Gewicht gelegt. Das Thema allein offenbart
schon den Geist, der das ganze Werk geschaffen
Wenn ein Beethoven die Ouverture zur „Leonore"
so anfängt, oder ein Mendelssohn die Ouverture
zur „Fingalshöhle" so, da wird jeder Musiker,
ohne von der weiteren Durchführung noch eine
Note zu wissen, ahnen, vor welchem Palast er
steht. Klingt uns aber ein Thema entgegen, wie
das zur Fausta=Ouverture von Donizetti, oder

„Louise Miller" von Verdi, so bedarf es eben=
falls keines weiteren Eindringens in das Innere,
um uns zu überzeugen, daß wir in der Kneipe
sind. In Deutschland legt Theorie und Praxis
einen überwiegenden Wert auf die musikalische
Durchführung gegenüber dem thematischen Gehalt.
Was aber nicht (offenkundig oder versteckt) im
Thema ruht, kann später nicht organisch entwickelt
werden, und weniger vielleicht in der Kunst der
Entwickelung, als in der symphonischen Kraft und
Fruchtbarkeit der T h e m e n liegt es, daß unsere
Zeit keine Beethovenschen Orchesterwerke mehr auf=
weist.

Bei der Frage nach dem I n h a l t der Ton=
kunst muß man sich insbesondere hüten, das
Wort in lobender Bedeutung zu nehmen. Daraus,
daß die Musik keinen Inhalt (Gegenstand) hat,
folgt nicht, daß sie des G e h a l t s entbehre. „Gei=
stigen Gehalt" meinen offenbar diejenigen, welche
mit dem Eifer einer Partei für den „Inhalt"
der Musik fechten. Wir müssen hier auf das im
3. Kapitel Gesagte verweisen. Die Musik ist ein
Spiel, aber keine Spielerei. Gedanken und Ge=
fühle rinnen wie Blut in den Adern des eben=

mäßig schönen Tonkörpers; sie sind nicht er, sind auch nicht sichtbar, aber sie beleben ihn. Der Komponist dichtet und denkt. Nur dichtet und denkt er, entrückt aller gegenständlichen Realität, in Tönen. Muß doch diese Trivialität hier ausdrücklich wiederholt sein, weil sie selbst von denjenigen, die sie prinzipiell anerkennen, in den Konsequenzen allzuhäufig verleugnet und verletzt wird. Sie denken sich das Komponieren als Übersetzung eines gedachten Stoffs in Töne, wäh= rend doch die Töne selbst die unübersetzbare Ur= sprache sind. Daraus, daß der Tondichter ge= zwungen ist, in Tönen zu denken, folgt ja schon die Inhaltlosigkeit der Tonkunst, indem jeder begriff= liche Inhalt in Worten müßte gedacht werden können.

So strenge wir bei der Untersuchung des Inhalts alle Musik über gegebene Texte, als dem reinen Begriff der Tonkunst widersprechend, aus= schließen mußten, so unentbehrlich sind die Meister= werke der Vokalmusik bei der Würdigung des Ge= haltes der Tonkunst. Vom einfachen Lied bis zur gestaltenreichen Oper und der altehrwürdigen Gottesfeier durch Kirchenmusik hat die Tonkunst

nie aufgehört, die teuersten und wichtigsten Be=
wegungen des Menschengeistes zu begleiten und
somit indirekt zu verherrlichen.

Nebst der Vindikation des geistigen Gehaltes
muß noch eine zweite Konsequenz nachdrücklich
hervorgehoben werden. Die gegenstandlose Form=
schönheit der Musik hindert sie nicht, ihren Schö=
pfungen Individualität aufprägen zu können.
Die Art der künstlerischen Bearbeitung, sowie
die Erfindung gerade dieses Themas ist in jedem
Fall eine so einzige, daß sie niemals in einer
höheren Allgemeinheit zerfließen kann, sondern als
Individuum dasteht. Eine Melodie von Mozart
oder Beethoven ruht so fest und unvermischt auf
eigenen Füßen, wie ein Vers Goethes, ein
Ausspruch Lessings, eine Statue Thorwaldsens,
ein Bild Overbecks. Die selbständigen musi=
kalischen Gedanken (Themen) haben die Sicherheit
eines Citats und die Anschaulichkeit eines Gemäldes;
sie sind individuell, persönlich, ewig.

Wenn wir daher schon Hegels Ansicht von
der Gehaltlosigkeit der Tonkunst nicht teilen können,
so scheint es uns noch irrtümlicher, daß er dieser
Kunst nur die Aussprache des „individualitätslosen

Innern" zuweist. Selbst von Hegels musikalischem Standpunkt, welcher die wesentlich formende, objek=tive Thätigkeit des Komponisten übersieht, die Musik rein als freie Entäußerung der Subjektivität auf=fassend, folgt nicht die „Individualitätslosigkeit" derselben, da ja der subjektiv produzierende Geist wesentlich individuell erscheint.

Wie die Individualität sich in der Wahl und Bearbeitung der verschiedenen musikalischen Elemente ausprägt, haben wir im 3. Kapitel berührt. Gegen=über dem Vorwurf der Inhaltlosigkeit also hat die Musik Inhalt, allein musikalischen, welcher ein nicht geringerer Funke des göttlichen Feuers ist, als das Schöne jeder andern Kunst. Nur da=durch aber, daß man jeden andern „Inhalt" der Tonkunst unerbittlich negiert, rettet man deren „Ge=halt". Denn aus dem unbestimmten Gefühle, worauf sich jener Inhalt im besten Fall zurückführt, ist ihr eine geistige Bedeutung nicht abzuleiten, wohl aber aus der bestimmten schönen Tongestaltung als der freien Schöpfung des Geistes aus geistfähigem Material.

Im Verlage des Allgemeinen Vereins für Deutsche Litteratur in Berlin sind erschienen und durch jede Buchhandlung zu beziehen:

I.

Die moderne Oper.

Kritiken und Studien von **Eduard Hanslick.**

Neunte Auflage.

Octav. 22 Bogen. Elegant in Halbfranz gebunden 6 Mark.

II.

Muſikaliſche Stationen.

(Der „Modernen Oper" zweiter Theil.)

Von

Eduard Hanslick.

Fünfte Auflage.

Octav. 23 Bogen. Elegant in Halbfranz gebunden 6 Mark.

III.

Aus dem

Opernleben der Gegenwart.

(Der „Modernen Oper" dritter Theil.)

Neue Kritiken u. Studien von **Eduard Hanslick.**

Dritte Auflage.

Octav. 24 Bogen. Elegant in Halbfranz gebunden 6 Mark.

IV.

Muſikaliſches Skizzenbuch.

(Der „Modernen Oper" vierter Theil.)

Neue Kritiken und Schilderungen von

Eduard Hanslick.

Dritte Auflage.

Octav. 22 Bogen. Elegant in Halbfranz gebunden 6 Mark.

V.
Musikalisches und Litterarisches.
(Der „Modernen Oper“ fünfter Theil.)

Kritiken u. Schilderungen von **Eduard Hanslick.**

Zweite Auflage. Octav. 23 Bogen. Eleg. in Halbf. geb. 6 M.

VI.
Aus dem Tagebuche eines Musikers.
(Der „Modernen Oper“ sechster Theil.)

Neue Kritiken und Schilderungen von

Eduard Hanslick.

Zweite Auflage. Octav. 23 Bogen. Elegant in Halbfranz geb. 6 Mark.

VII.
Fünf Jahre Musik
1891—1895.
(Der „Modernen Oper“ siebenter Theil.)

Kritiken von **Eduard Hanslick.**

Zweite Auflage. Octav. 25 Bogen. Elegant in Halbfranz geb. 7 Mark.

VIII.
Concerte, Componisten u. Virtuosen
der letzten 15 Jahre. 1870—1885.

Kritiken von **Eduard Hanslick.**

Dritte Auflage. Octav. 28 Bogen. Eleg. in Halbf. geb. 8 Mark.

IX.
Aus meinem Leben.
Von

Eduard Hanslick.

Zwei Bände.

Zweite Auflage. Octav. In zwei eleganten Halbfranzbänden 12 Mark.

Ausführliche Prospecte stehen jederzeit gratis und franco zu Diensten. Bei direkter Einsendung des Betrages an die unterzeichnete Verlagsbuchhandlung werden die Werke auch direct franco per Post gesandt.

Berlin W., Elßholzstraße 12.

Allgem. Verein für Deutsche Litteratur.
Dr. Hermann Paetel.